30 dias com
São Francisco
de Assis

Frei Diogo Luís Fuitem, OFM Conv.

30 dias com São Francisco de Assis

Edições Loyola

Diagramação: Desígnios Editoriais
Capa: Ronaldo Hideo Inoue
   Composição sobre a imagem de São Francisco de Assis, detalhe da obra de Cimabue (c. 1240-1302) de © tauav | Adobe Stock.
Ilustrações: © bernardojbp | Adobe Stock
Revisão: Maria Teresa Sampaio

Edições Loyola Jesuítas
Rua 1822 nº 341 – Ipiranga
04216-000 São Paulo, SP
T 55 11 3385 8500/8501, 2063 4275
editorial@loyola.com.br
vendas@loyola.com.br
www.loyola.com.br

Todos os direitos reservados. Nenhuma parte desta obra pode ser reproduzida ou transmitida por qualquer forma e/ou quaisquer meios (eletrônico ou mecânico, incluindo fotocópia e gravação) ou arquivada em qualquer sistema ou banco de dados sem permissão escrita da Editora.

ISBN 978-65-5504-295-5

© EDIÇÕES LOYOLA, São Paulo, Brasil, 2023

SUMÁRIO

Apresentação	7
Introdução	9
Oração ao término de cada dia	13
Siglas e abreviaturas	15
1º dia: SÃO FRANCISCO E A MISERICÓRDIA DIVINA	17
2º dia: SEMPRE RECOMEÇAR	20
3º dia: SÃO FRANCISCO E O PERDÃO	23
4º dia: SER AGRADECIDOS E ALEGRES	26
5º dia: SÃO FRANCISCO E A CRIAÇÃO	29
6º dia: VIVER A PAZ	32
7º dia: SÃO FRANCISCO E A EUCARISTIA	35
8º dia: A PERFEITA ALEGRIA	38
9º dia: SÃO FRANCISCO E A CRUZ	41

10º dia:	CONVIVENDO COM AS FRAGILIDADES	45
11º dia:	SÃO FRANCISCO E O PRESÉPIO	48
12º dia:	"NÃO JULGUEIS!"	51
13º dia:	SÃO FRANCISCO E A IGREJA	54
14º dia:	VIVER A SIMPLICIDADE	57
15º dia:	SÃO FRANCISCO E A POBREZA	60
16º dia:	SERVIR É NOSSA VOCAÇÃO	64
17º dia:	SÃO FRANCISCO E A ORAÇÃO	67
18º dia:	A BUSCA DE DEUS	70
19º dia:	SÃO FRANCISCO E A SOLIDÃO	73
20º dia:	LIDANDO COM AS CRISES	77
21º dia:	SÃO FRANCISCO E A IMITAÇÃO DE CRISTO	80
22º dia:	TER CONFIANÇA	83
23º dia:	SÃO FRANCISCO E A FRATERNIDADE	86
24º dia:	A HUMILDADE	89
25º dia:	SÃO FRANCISCO E O ANÚNCIO DO REINO	92
26º dia:	O CÂNTICO DO IRMÃO SOL	95
27º dia:	SÃO FRANCISCO E SANTA CLARA	99
28º dia:	FIDELIDADE	102
29º dia:	SÃO FRANCISCO E A VIRGEM MARIA	105
30º dia:	"A IRMÃ MORTE"	108

Bibliografia 111

APRESENTAÇÃO

Francisco, um irmão, um santo. Pode-se dizer que esse italiano de Assis, na Úmbria, foi uma nova presença de Jesus em nosso meio. Um ser inquieto. Primeiramente alguém que buscou a glória. Um cavaleiro. Um jovem cheio de viço e de vigor. Alguém fisgado pelo Altíssimo; assim, abraçou o Evangelho, a boa-nova, com todas as forças. Tornou-se enamorado por Jesus Cristo, transpirando o seu ensinamento por todos os poros. Acolheu irmãos que o Altíssimo lhe deu. Cantava e dançava por ser o Arauto do Grande Rei. Quando pronunciava o nome de Jesus, parecia ter mel nos lábios. Fascinou a muitos: Bernardo, Egídio e outros, e mesmo a jovem Clara, da família nobre de Favarone de Offreduccio. Foi pelo mundo dizendo que o amor precisava ser amado. Encantava-se com o Menino Jesus sobre as palhas e chorava ao pensar nas dores do Crucificado.

Um ser único, pobre e feliz por sentir-se amado. Um homem que não pode ser esquecido pela história nem por nós, cristãos. Que esta coleção de pensamentos e reflexões sobre o *poverello* de Assis seja de ajuda aos que a lerem. Seu autor, frei Diogo Luís Fuitem, oferece uma valiosa série orante de 30 dias, apresentando aspectos importantes da espiritualidade franciscana. Seja, esse roteiro, um meio para nos encantar por Jesus, nosso Mestre e Salvador, e pelo seu servo Francisco de Assis.

Frei Almir Guimarães, OFM Conv.

INTRODUÇÃO

Ao abrir esta coletânea de espiritualidade franciscana, recordo o diálogo que São Francisco estabeleceu nos últimos dias de sua vida, conforme lemos na Primeira Vida, escrita por Tomás de Celano (1C, segundo livro, VIII, 109): "Já haviam passado 20 anos de sua conversão e, como lhe fora comunicado por divina revelação, estava próxima sua última hora". Ele estava já consciente de seu fim de vida aos 44 anos: "[...] chamou dois frades, filhos seus prediletos, e lhes mandou que cantassem em voz alta os Louvores do Senhor, *na alegria* do espírito pela morte, ou antes pela Vida, já tão próxima. [...] Um dos frades presentes [...] disse-lhe: 'Ó pai bondoso, teus filhos vão ficar *sem pai*, vão ficar sem a *verdadeira luz* de seus olhos! [...]' Respondeu-lhe o Santo: 'Filho, estou sendo chamado por Deus. A meus Irmãos, tanto presentes como ausentes, perdoo todas as ofensas e culpas, e os absolvo quanto me é possível. Leva esta notícia para todos e abençoa-os de minha parte'". Trata-se de uma cena significativa: é como um patriarca rodeado por seus filhos, entre os quais nós também estamos – ainda que, de fato, estejamos fisicamente ausentes. Recebemos sua bênção. Ele continua a nos abençoar. E absolve-nos... de quê? Quem sabe de ter negligenciado seus exemplos ou suas palavras...

Por isso, aqui estão trinta dias de encontro com sua espiritualidade, buscando recuperar para nós os caminhos de uma vida santa, que São Francisco vivenciou. Viveu, de fato, uma relação profunda com Deus, em total despojamento e confiança. Alcançou a alegria e a paz, vencendo o egoísmo e a cobiça dos bens terrenos. Abraçou leprosos e necessitados. Amou como ninguém todas as criaturas, por serem obras de Deus. Quem sabe, nestes trinta dias, possamos nos aproximar de alguém que nos mostre a beleza de sermos cristãos, tornando-nos seguidores mais fiéis daquele que é Caminho, Verdade e Vida: Jesus Cristo, nosso Mestre e Salvador.

Precisamos de mestres em nossa vida espiritual. O Santo de Assis é um deles! Certamente gostaríamos de estar com São Francisco pelos menos por um dia. Eis que neste roteiro nos é proporcionada a oportunidade de estar com ele nada menos do que um mês inteiro! Sim, isso é possível mediante os trinta encontros que aqui apresento para que sejam de bom proveito! Paz e bem!

Deixo para os leitores a sugestão de utilizar estes *30 dias com São Francisco de Assis* para preparar, a partir do dia 4 de setembro, a comemoração do dia do Santo que, como sabemos, ocorre no dia 4 de outubro.

Eis outra sugestão: que algumas partes deste roteiro possam ser aproveitadas na realização de algum tríduo ou evento franciscano.

O autor

ORAÇÃO AO TÉRMINO DE CADA DIA

Onipotente, santíssimo, altíssimo e Sumo Deus, que és todo o bem, o sumo bem, o bem inteiro, o único bem, a Ti rendamos todo o louvor, a glória, toda a graça, toda a honra, toda a bênção e todos os bens. Faça-se o Teu querer. Amém!

(cf. São Francisco de Assis,
Louvores para todas as Horas, 11)

SIGLAS E ABREVIATURAS

SÃO FRANCISCO DE ASSIS - ESCRITOS

Ad	Admoestações
1 CF	Carta aos Fiéis (primeira redação)
2 CF	Carta aos Fiéis (segunda redação)
CIS	Cântico do Irmão Sol
LH	Louvores para todas as Horas
RB	Regra Bulada
RNB	Regra Não Bulada
SV	Saudação das Virtudes
SVM	Saudação da Bem-aventurada Virgem Maria
T	Testamento

SÃO FRANCISCO DE ASSIS – LEGENDAS, VIDAS E OUTRAS FONTES

Atos   Atos do Bem-aventurado Francisco e de seus companheiros
1B   Legenda Maior segundo São Boaventura
2B   Legenda Menor segundo São Boaventura
1C   Primeira Vida segundo Tomás de Celano
2C   Segunda Vida segundo Tomás de Celano
CAs   Compilação de Assis
Fi   Fioretti
LTC   Legenda dos Três Companheiros

Para as citações apresentadas neste roteiro, foram utilizadas as *Fontes Franciscanas*, da editora Mensageiro de Santo Antônio, 2020 (2ª edição), e a *Bíblia – Mensagem de Deus*, de Edições Loyola, 2016 (3ª edição).

1º dia

SÃO FRANCISCO E A MISERICÓRDIA DIVINA

MOTIVAÇÃO DE FÉ

Senhor nosso Deus, no ano de 2016, por iniciativa do nosso querido papa Francisco, foi celebrado o Ano Santo da Misericórdia. Foi instituído com a finalidade de lembrar ao mundo inteiro uma verdade fundamental: que vós sois nosso Deus, repleto de amor e misericórdia. Só temos que agradecer porque assim vos revelastes por meio de vosso Filho, quando ele disse: "Sede misericordiosos, como vosso Pai é misericordioso" (Lc 6,36). Na verdade, todos os dias temos provas de vosso amor misericordioso. Sois o Pastor que ama a cada uma das ovelhas e vai em busca daquela que se perdeu. Sois o Pai sempre pronto a perdoar-nos, filhos pródigos. Jesus, vosso Filho, por nós morreu dando sua vida na Cruz! Assimilemos em nossas vidas esse amor! Que, com São Francisco, em seus louvores ao Deus altíssimo, possamos repetir: "Tu és o bem, todo o bem, o sumo bem" (LDA, 3). Vivamos acolhendo em nós vossa misericórdia e tornando-nos misericordiosos para com nossos irmãos!

REFLEXÃO

A fé cristã nos ensina que o Filho de Deus, movido pelo seu infinito amor, abaixou-se até nós, fazendo-se nosso irmão. Compartilhou nossa realidade humana até as últimas consequências. Por nós sofreu a morte na Cruz. Foi a grande prova do amor de Deus pela humanidade inteira, sobre a qual o Santo de Assis sempre meditava. A misericórdia divina venceu o pecado: ela foi ilimitada e é sempre atual. O papa João XXIII, em seu discurso de abertura do Concílio Vaticano II, em outubro de 1962, afirmou: "Hoje a Igreja prefere usar o remédio da misericórdia mais do que aquele da severidade". São Francisco, em seu Testamento, faz questão de recordar um detalhe de sua juventude. Para ele era um peso encontrar-se com algum leproso, dos tantos que viviam fora da cidade de Assis. Porém, um dia tomou coragem e, aproximando-se de um deles, sentiu-se chamado a ter compaixão e abraçou com efusão aquele ser humano desfigurado. "Usei de misericórdia" (cf. T, 2), confessa candidamente e, o que justamente era-lhe insuportável, transformou-se "em doçura" (T, 3). São palavras que o Santo utiliza para indicar como a compaixão foi uma experiência positiva. Trata-se de vivenciar aquilo que é próprio de Deus, que em seu amor se doa sem cessar, amando indistintamente a todos, justos e injustos, santos e pecadores. Por isso é benéfico criar laços misericordiosos para com todos. Não só nas redes sociais, o que é relativamente mais fácil. Mas com aqueles, sobretudo, que são necessitados de nossa misericórdia: os que nos são pouco simpáticos ou até aqueles que nos prejudicaram. É preciso criar uma nova cultura: aquela praticada por São Francisco de Assis e ensinada por Jesus! É a cultura da misericórdia, extremamente necessária e inadiável para o nosso tempo marcado pela intolerância e pelo desamor.

2º dia

SEMPRE RECOMEÇAR

MOTIVAÇÃO DE FÉ

Dai-nos, Senhor, força para que não esmoreçamos diante das dificuldades que surgem, às vezes de forma repentina, em nossos caminhos! E, se cairmos no desânimo, o vosso Santo Espírito venha nos socorrer, para não permanecermos atolados na desolação e na mesmice; que vossa força nos levante! É preciso seguir o caminho com toda a confiança! Afirma São Francisco, em sua segunda Carta aos Fiéis, que sobre aqueles que perseveram "repousará [...] o espírito do Senhor e neles fará habitação e morada" (2CF, 48). Possamos, então, com o empenho de cada um de nós e a presença do vosso Santo Espírito, realizar uma caminhada frutuosa. Na realidade isso se aplica aos vários setores da vida e das atividades humanas: ao campo da família, do estudo, do trabalho e sobretudo da vida espiritual. Sabemos que essa é exigente, pois o caminho da santidade é caminho estreito. Por isso, Senhor, ajudai-nos a sermos perseverantes. Fazei com que, em nossas quedas, sejamos capazes de sempre reerguer-nos e recomeçar!

REFLEXÃO

A vida do Santo de Assis não foi fácil. Ele vivenciou momentos de grande inquietação: em certa ocasião deu aos seus companheiros magnífico testemunho, porque talvez estivessem satisfeitos com o caminho já percorrido. "[...] 'Vamos começar a servir a Deus, meus Irmãos, porque até agora fizemos pouco ou nada'. *Não pensava que já tivesse conseguido* dominar-se mas, firme e incansável na busca da renovação espiritual, estava sempre pensando em começar" (1C, segundo livro, VI, 103, 6-7). Essa sua fala é bastante conhecida. É um convite à humildade e à disposição de seguir um caminho de superação frente às nossas quedas e fraquezas! Cabe a cada um de nós a responsabilidade de, passo a passo, avançar. E, se algo vem perturbar nossa caminhada, não temos que jogar a culpa sobre nossos semelhantes, atribuindo à nossa família ou a alguma outra pessoa a razão de nosso fracasso. Temos a tendência de facilmente nos desculpar através de algum fator externo, quando teríamos que admitir nossa pouca eficiência. Há aqueles que depois de um "empurrão", como após um retiro ou uma conversa amiga, sentem-se animados a seguir com entusiasmo e, se for o caso, a recomeçar. Passados alguns dias, a monotonia toma conta, porque os propósitos assumidos não passavam de fogos de palha. Não desanimemos! Dom Pedro Casaldáliga costumava dizer: "mesmo que seja tarde, ainda é tempo para avançar um pouco mais". É sempre oportuno nos perguntarmos: qual é a nossa obra? Eis a nossa missão: contribuir para a construção do Reino de Deus! Esse é o sentido que há de nortear nossa presença no mundo. A vida vai passando como um rio que nasce na montanha e corre por entre a aspereza das pedras. Vai descendo até a planície e deságua no mar. Assim é nosso viver. Ao final de nossos dias, após um caminho curto ou longo, superando barreiras sem fim, há o mar do infinito divino que nos espera!

3º dia

SÃO FRANCISCO E O PERDÃO

MOTIVAÇÃO DE FÉ

Senhor, vós nos ensinastes que precisamos perdoar setenta vezes sete! Esse ensinamento não é fácil de se praticar. E, ainda mais, em todas as vezes! Temos séria dificuldade em perdoar, especialmente aqueles que nos ofenderam ou prejudicaram. Ficamos desapontados com eles pelo mal que nos fizeram e abre-se em nós um sentimento profundo de mágoa. Só com vossa graça podemos superar esse rancor, pois nossa natureza é frágil e egoísta. Somos inclinados até mesmo a revidar! Senhor, ajudai-nos a mudar nossas atitudes. Alargai as medidas do nosso coração, para que nele caiba a vossa misericórdia. "Onde houver ódio, que levemos o amor! Onde houver a ofensa, que levemos o perdão!", rezamos na oração atribuída a São Francisco. E, em vossa santa agonia,

suplicastes: "Pai, perdoa-lhes, porque não sabem o que fazem" (cf. Lc 23,34)! Destes-nos um exemplo para que sejamos também nós capazes de perdoar. É sábio sermos humildes e reconhecermos que, como outros erram, também nós temos os nossos erros. Fazei então com que, sem demora, possamos nos dispor a viver reconciliados e a construir a paz com todos!

REFLEXÃO

O perdão de Deus é infinito porque ele nos ama sem limites. Por outro lado, somos seres limitados e, por isso, ficamos devendo generosidade e amor. Diante da pergunta do discípulo Pedro a respeito de quantas vezes devemos perdoar, Jesus foi taxativo ao afirmar que não devemos colocar limites: temos que perdoar sempre! Ficamos intrigados diante dessa mensagem. Somos desafiados a assumir a postura do próprio Deus que nos pede que perdoemos sem limites. E, assim, somos chamados a vivenciar continuamente o processo de reconciliação: com Deus, conosco e com o nosso próximo. É bom notar que no dicionário cristão há palavras importantes que começam com o prefixo "re", de origem latina. Vejamos: ressurreição, renovação, restauração, reconciliação! Algo novo que deve sempre ser retomado para reconstruir uma vida fraterna. Isso é dever e preocupação de todo cristão! E é o que encontramos na vida do Santo de Assis. Vamos lembrar que, após o conflito que o jovem Francisco teve com seu pai, Pedro de Bernardone, não foi tão simples para ele se reconciliar com a figura paterna. Alguns autores, inclusive, reconhecendo que o temperamento de Francisco era o de um jovem inflamado, indicam que teve que se exercitar no perdão e muitas vezes pedir perdão aos companheiros ou pessoas que discordavam dele. Dessa forma, ao final de sua vida, estava em condições de intervir para que o bispo de Assis e o "podestà", isto é, a autoridade civil da mesma cidade, fizessem as pazes. Preocupado com o impacto negativo da discórdia surgida entre os dois junto à população assisense, os procurou e fez tudo o que era possível para que fosse restabelecida a paz. E o resultado veio providencialmente. No Cântico do Irmão Sol, pediu então que fossem acrescentados e cantados os dizeres: "Bem-aventurados aqueles que perdoam por teu amor"! São palavras que repetem a bem-aventurança do Evangelho, "Bem-aventurados os que constroem a paz". Esse é o bem que vem de Deus, mas que é fruto do empenho humano. O Santo de Assis fazia questão de que em todas as residências fosse escrita essa frase: "Paz a esta casa!". O que há, de fato, de mais importante do que a paz para as famílias e para todas as pessoas?

4º dia

SER AGRADECIDOS E ALEGRES

MOTIVAÇÃO DE FÉ

Senhor, vivemos, em nosso tempo, na correria de atender a muitos afazeres e com isso perdemos a oportunidade de perceber vossa presença em tudo o que foi criado. Não temos tempo para contemplar uma flor ou olhar as estrelas do céu. Vós, Senhor, sois o autor da natureza! Sois autor de obras maravilhosas pelas quais teríamos que ser sempre gratos; devemos ser gratos pela nossa vida e pela vida daqueles que caminham conosco no dia a dia. Somos tão fechados em nós mesmos que, assim, nos falta também a alegria. E, na verdade, a alegria que curtimos é, muitas vezes, passageira. Vivemos de momentos efêmeros: falta-nos o prazer de existir! E nós, mesmo que desfrutando de tecnologias e inúmeros recursos que a época moderna nos oferece, vivemos tristes e acabrunhados.

Precisamos do exemplo de São Francisco de Assis. Ele "garantia que o remédio mais seguro contra as mil armadilhas ou astúcias do inimigo era a alegria espiritual" (2C, segundo livro, LXXXVIII, 125, 1). Dai-nos, então, Senhor, abrir os olhos e ter gratidão no coração para que vivamos mais autoconfiantes, agradecidos e felizes!

REFLEXÃO

São Francisco, apesar de todos os percalços que enfrentava, apresentava-se como um "irmão sempre alegre". Tomás de Celano lembra que "Às vezes – como pude ver com meus olhos –, pegava um pedaço de pau no chão, punha-o sobre o braço esquerdo, segurava na direita um arco retesado por um fio, passava-o no pedaço de pau, como se fosse um violino e, representando os gestos adequados, *cantava ao Senhor* em francês" (2C, segundo livro, XC, 127, 3). Louvava e bendizia a Deus. O Cântico do Irmão Sol é prova disso. A razão de tudo isso era seu otimismo. Orígenes, grande exegeta e escritor do século III d.C., já afirmava que o bem é mais antigo, ou seja, é anterior ao mal. O bem está em nós porque somos imagem e semelhança de Deus. Apesar da existência da força do mal e do mistério da iniquidade, não temos que nos deixar influenciar pelo derrotismo ou pela descrença. O Senhor conduziu Francisco a cuidar dos leprosos e a ver a glória de Deus na natureza. Nem mesmo ao ser considerado louco e ser perseguido ele parava de louvar a Deus. Nas alegrias e tristezas, aprendamos com ele a reconhecer a bondade e a presença de Deus em nossa vida! Cultivemos a certeza de que Deus cuida de nós e manifestemos constantemente nossa gratidão a ele!

5º dia

SÃO FRANCISCO E A CRIAÇÃO

MOTIVAÇÃO DE FÉ

Senhor, vivemos tempos de descaso com relação a tudo o que criastes! Precisamos ter respeito e amor à vossa obra, que está sendo tão maltratada e até devastada! Nós vos agradecemos porque nos foi dado São Francisco de Assis, padroeiro da ecologia! Seja ele inspirador para vermos por toda parte os vestígios de vosso amor. Ele via que tudo brotava daquela fonte única que sois vós, Senhor, e diante dessa origem comum, cultivava uma fraternidade universal que nós estamos esquecendo – infelizmente! Pedimos que o mundo inteiro dê mais atenção à questão ecológica, pois o desrespeito à natureza traz consigo graves consequências, como desastres de todo tipo, prejudiciais ao ser humano e à própria humanidade de cada um. Diante da interferência inconsequente causada pela cobiça, fazei que tenhamos sabedoria! Não deixemos para as futuras gerações situações lastimáveis, fruto de nossa irresponsabilidade! Fazei que tenhamos a sensibilidade e a delicadeza de São Francisco, que louvava a vós por todas as criaturas. Pois nada existe no universo que não mereça admiração e louvor! Astros do universo, sol e lua, florestas e nascentes, flores e frutos, rios e mares, que tudo louve a vós, Senhor!

REFLEXÃO

Para muitas pessoas, São Francisco é o Santo poeta, cantor da natureza, amigo dos animais. Essa é uma imagem bastante conhecida, popular e amada. Claro, é um aspecto peculiar, mas não o único do Santo. É, porém, resultado de sua personalidade mística: vemos que ele vivia sempre em fraternidade com todos os seres criados por Deus. Comovia-se ao ver um cordeirinho levado ao matadouro. Conversava com os pássaros e praticava um sem número de outras delicadezas com a natureza. Famoso é o episódio do lobo de Gubbio reconduzido à mansidão, conforme está nos "Atos do Bem-aventurado Francisco e dos seus Companheiros" (Atos, XXIII, I Fi 21). É um dos Fioretti mais conhecido. Havia em Gubbio, povoado não muito distante de Assis, um lobo feroz que colocava em risco a vida das pessoas, inclusive das crianças. Francisco foi solicitado para intervir a fim de encontrar uma solução. Ele, conhecido pela familiaridade que costumava ter com os animais, foi em busca do lobo. E, tendo-o encontrado, pediu-lhe que não ameaçasse mais o povo bastante assustado daquele lugar. Pediu-lhe que não lhes fizesse mal e, assim, a população pudesse viver em paz. Em contrapartida, as pessoas do povoado, não mais ameaçadas, forneceriam alimento para o lobo sobreviver. Ambas as partes aceitaram. E, com esse acordo, frei Francisco conseguiu apaziguar a população angustiada e amansar o lobo feroz. Trata-se de algo bem pitoresco! Mas que salienta como Francisco tinha facilidade em relacionar-se com todos, inclusive com animais pouco amistosos. São Francisco nos anime e encoraje a amar a criação de Deus; a cuidar bem dos animaizinhos de estimação que temos em nossa companhia; a não cortar árvores quando talvez nos incomodem por causa de suas folhas que caem no quintal, a amar e a cuidar bem das flores e plantinhas que conservamos em nosso jardim ou em nossas residências. Afinal, está ao nosso alcance mostrar que apreciamos a natureza, criatura de Deus. Vivamos uma ecologia integral! Ela nos alegre e, sobretudo, nos leve ao Criador. A ele toda glória e louvor!

6º dia

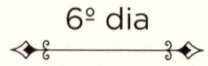

VIVER A PAZ

MOTIVAÇÃO DE FÉ

Num mundo em que as palavras guerra, violência e morte ressoam tão frequentemente, Senhor, temos a incumbência de falar de paz. Sobretudo, Senhor, em fazer acontecer a paz! Que nossas palavras transmitam respeito, calma e amor. Nossas ações sejam de acolhida e apoio para com nossos semelhantes! Tiremos do coração toda a mágoa, deixando de lado toda a irritação. E pelas vezes em que não estamos em dia com a lição cristã de viver em paz, nos envolvendo em brigas, respostas atravessadas e conflitos vários, pedimos, Senhor, vosso perdão. Ajudai-nos a fazer diferença, evitando fofocas e comportamentos que levem à desunião. Possamos dar o melhor de nós ao nosso próximo! Que cessem também as guerras entre as nações. Que os responsáveis pelos países em conflito optem pela paz porque sabemos que as guerras ceifam preciosas vidas humanas, trazendo muito sofrimento e destruição. Vós trouxestes, ao nascer pobrezinho em Belém, a esperança de paz para os amados por Deus. Que o vosso amor se espalhe mais rapidamente que o desamor! À semelhança de São Francisco de Assis, saibamos apreciar somente a paz! Valorizemos a convivência pacífica, que reine a Paz!

REFLEXÃO

Todo mundo conhece e canta aquela oração atribuída a São Francisco de Assis: "Senhor, fazei de mim um instrumento de vossa paz". Não há dúvida de que essas palavras se inspiram no Santo, cujo grande sonho era cultivar a paz de Cristo e levá-la a todas as pessoas. Movido por esse ardente desejo, resolveu ir até a Terra Santa no fim do ano de 1219, em tempo de Cruzadas, para contribuir com a paz. A fortaleza de Damieta, no Egito, era dos turcos. Mas o exército cruzado queria conquistá-la para, em seguida, avançar e recuperar o domínio sobre Jerusalém. Os combates eram violentos, com mortes e destruição em ambas as partes. São Francisco entristeceu-se vendo aquele espetáculo. Aconselhou os cruzados a depor as armas, mas não foi ouvido. Tomaram então a decisão, ele e um companheiro seu, de apresentarem-se ao sultão Malik al-Kamil para anunciar o Evangelho da paz. O sultão recebeu os dois frades e ficou admirado pela coragem por eles demonstrada. Deu-lhes até permissão para entrar na Terra Santa. Mostrou-se amigo, mas não acolheu a mensagem cristã. Neste episódio vemos claramente como Francisco era de fato um homem da paz. A ordem franciscana até hoje está presente na Terra Santa para guardar os lugares santos e ali atuar em favor da paz. Buscar a paz é buscar um bem precioso. Trata-se de um bem frágil, tanto nas famílias como na sociedade. Somente com o coração desarmado podemos encontrar dias melhores de harmonia! São Francisco é uma referência. Ele viveu na Idade Média, época de conflitos e guerras. Testemunhou que valia a pena buscar a paz. Seja ele em nosso tempo um guia que nos ajude a viver em paz e a trabalhar para essa causa!

7º dia

SÃO FRANCISCO E A EUCARISTIA

MOTIVAÇÃO DE FÉ

Entre os tantos benefícios recebidos, Senhor, há um que ocupa um lugar especial. É a Eucaristia, isto é, o vosso Filho que se faz presente nos altares. Na missa, de fato, o pão e o vinho são consagrados pelo sacerdote em Corpo e Sangue de Jesus, que renova a Santa Ceia e seu Sacrifício na cruz. Assim temos o alimento de que necessitamos. Trata-se de um "sublime sacramento", nos diz a liturgia! E por ele devemos sempre agradecer-vos, Senhor! Por outro lado, temos que mostrar apreço porque com amor o amor se paga. Mas a frieza, muitas vezes, toma conta de nossos corações, quando sobretudo faltamos às missas dominicais ou deixamos as dúvidas tomarem conta de nossos pensamentos. Ou, mesmo recebendo com devoção a Santa Comunhão, não produzimos os frutos esperados de solidariedade e amor para com o nosso próximo, especialmente com o carente. Muitos santos e santas colocaram o sentido de suas vidas no mistério eucarístico. Dão um exemplo bonito para nós, Senhor! A respeito de São Francisco, os biógrafos assinalam a intensa devoção que ele nutria para com Jesus Eucarístico. "Do mais profundo de todo o seu ser, ardia com fervor para com o sacramento do Corpo do Senhor, pois ficava absolutamente estupefato diante de tão cara condescendência e de tão digna caridade. Achava que era um desprezo muito grande não assistir, pelo menos, a uma Missa cada dia, se pudesse" (2C, segundo livro, CLII, 201, 1-2). Hoje, o Concílio Vaticano II nos orienta a participar e não apenas assistir. Eis o convite que nos é feito, o de uma participação consciente, ativa e frutuosa. Ajudai, Senhor, a manter e crescer a nossa fé em vosso amor por nós!

REFLEXÃO

Diante das heresias que, na Idade Média, negavam a presença real de Jesus na Eucaristia, São Francisco afirmava sua fé no mistério com muita firmeza. Seus escritos dão um testemunho claríssimo disso. Recomendava vivamente que os livros litúrgicos fossem bem conservados e que houvesse cuidado com as igrejas e decoro nos altares. Ele manifestava profundo respeito para com os sacerdotes. Valorizava a dignidade dos padres. Costumava afirmar que se acontecesse de encontrar ao mesmo tempo um santo vindo do céu e um sacerdote pobrezinho, prestaria honra primeiramente ao padre e se apressaria a beijar suas mãos (cf. 2C, segundo livro, CLII, 201). E na primeira das Admoestações lembra que o Filho de Deus, "cada dia, vem a nós, sob a aparência humilde; cada dia desce do *seio do Pai* sobre o altar, nas mãos do sacerdote. E, como se mostrou aos Santos Apóstolos em verdadeira carne, assim, de igual modo, se mostra a nós no pão sagrado" (Ad, I, 17-19). Para ele a Eucaristia não era uma das várias devoções, mas era o meio pelo qual nos unimos a Cristo humilde, Mestre e Salvador. Deve ser considerado, com razão, um dos maiores apóstolos da Eucaristia. Um admirador de São Francisco, em nosso tempo, o bem-aventurado Carlo Acutis – um jovem que fez questão de ser sepultado na cidade de Assis –, ficava fascinado com a presença de Jesus na Eucaristia e considerava-a "autoestrada para o céu". Será que nós vibramos com esse dom? Participamos com fé das celebrações eucarísticas? Cremos no amor de Deus que se manifesta no Santíssimo Sacramento? Comungamos com fervor ou apenas por tradição? Como católicos, temos o privilégio da presença real de Jesus na Eucaristia. Sejamos mais conscientes disso e, como São Francisco, façamos dela um valor insubstituível da nossa vida cristã!

8º dia

A PERFEITA ALEGRIA

MOTIVAÇÃO DE FÉ

Senhor, somos mendigos, buscando algo que tanto desejamos: a felicidade! Podemos dizer que a vida nos oferece momentos felizes – instantes que passam. Assim a buscamos, inutilmente, porque vós sois a felicidade plena que um dia experimentaremos ao participarmos de vosso Reino. Ao mesmo tempo, desde já a saboreamos em doses limitadas se encontrarmos o caminho neste mundo. Qual é a indicação a seguir? Aquela que os santos buscaram e encontraram. É importante, Senhor, podermos verificar que em nossa caminhada terrena temos sementes que nos são oferecidas. Bem plantadas e cuidadas, dão frutos que vão resultar em eternidade feliz. Senhor, é bom olharmos para os exemplos concretos que os santos nos deixaram, e através deles encontrar alegria, paz e contentamento.

Já vimos que São Francisco foi alguém que cultivou, no meio de vicissitudes de todo tipo, a alegria interior. Senhor, que ele nos indique a perfeita alegria!

REFLEXÃO

Há em um dos Fioretti[1] da vida do Santo de Assis uma narração em que é abordada essa temática de maneira bem interessante. Era inverno e frei Francisco e frei Leão caminhavam de Perúsia para Assis. O frio fustigava os dois peregrinos. E, tomando a palavra, frei Francisco dirigiu a Frei Leão, que ia um pouco mais à frente, essa pergunta: "Frei Leão, será que os frades, se tivessem uma vida exemplar, fizessem milagres, profetizassem e até convertessem muita gente, alcançariam a perfeita alegria?" Logo depois, seguindo pelo caminho, sentenciou: "Nisto não está a perfeita alegria!". Mais adiante, frei Leão, um tanto confuso, falou: "Rogo-te que me digas, frei Francisco, onde está a perfeita alegria!" Eis que o Santo explicou que os dois poderiam encontrar essa alegria se, ao chegar ao convento de Santa Maria dos Anjos, fossem rejeitados. Se recebessem injúrias e se fossem

---

1. Para as citações referentes a este episódio, cf. Atos, 7 (I Fi 8), in: *Fontes Franciscanas*. (N. do E.)

até surrados e golpeados. Se passassem por tudo isso com paciência, sentindo-se participantes da cruz de Cristo, se permanecessem serenos, então estariam experimentando a perfeita alegria. É um episódio que serve para mostrar algo da espiritualidade franciscana. Existem vários parâmetros para individuar quando existe o contentamento. Para São Francisco, o critério é a capacidade de suportar provações, conservando a serenidade e a quietude do espírito. Trata-se de algo desafiador! Mas algo que o próprio Francisco mostrou em sua vida. Ao final de sua jornada terrena, quase cego, foi acolhido junto às irmãs Clarissas em São Damião. Naquela situação de sofrimento, elevou seu louvor a Deus por meio do Cântico do Irmão Sol e cantou, "Bem-aventurados aqueles que sofrem em paz, pois serão por Ti serão coroados"! Esquecido de si, colocou-se nas mãos de Deus. Identificou-se com as dores de Jesus na Cruz. Dá impressão que essa atitude vai contra o nosso anseio de viver uma vida saudável. Detestamos aquilo que nos coloca na negação da vida e das gratificações que ela traz para nós no dia a dia. São Francisco sabia disso. Porém salienta que, em diversos momentos, especialmente naqueles carregados de angústia e que mais cedo ou mais tarde temos que enfrentar, somos desafiados a manter nosso coração humilde e confiante. Nossa cruz, assim, vai pesar menos! Esse desprendimento nos dará paz e serenidade.

9º dia

SÃO FRANCISCO E A CRUZ

MOTIVAÇÃO DE FÉ

Vossa Cruz, Senhor Jesus, é por excelência o símbolo de nossa fé. Por isso, no início do dia ou de nossas atividades, costumamos traçar sobre nós o sinal da Cruz. Muitos carregam, com devoção, uma cruz no pescoço. Na verdade ela significa muito para nós cristãos, porque representa vosso grande amor por nós. Amastes tanto a humanidade que por ela derramastes vosso Sangue. Agradecemos por isso, Senhor! Para realizar a obra da nossa Redenção vos submetestes à dolorosa morte na cruz. Vós que éreis inocente e justo! São Francisco meditava dia e noite sobre os sofrimentos que suportastes, tornando-se o cavaleiro de Cristo crucificado. Recebeu em seu corpo, dois anos antes de sua morte, os estigmas da vossa Paixão. Concedei-nos sintonizar com o vosso amor misericordioso, que motivou a entrega de vossa vida por nós. Fazei com que sejamos gratos! Dai-nos forças para carregar a nossa cruz e ajudar as pessoas que enfrentam situações adversas!

REFLEXÃO

A devoção à Cruz é uma das características marcantes do franciscanismo. Isso graças ao seu iniciador, São Francisco, que em sua vida cultivou um ardentíssimo amor a Jesus Crucificado. Era para ele como uma ideia fixa, mas não mórbida. Essa devoção concretizava-se numa adesão profunda àquilo que Jesus Salvador suportou por amor à humanidade. Já São Paulo apóstolo, numa de suas cartas, havia declarado: "Quanto a mim, que não me aconteça gloriar-me, a não ser da Cruz de Nosso Senhor Jesus Cristo" (cf. Gl 6,14). Dentro de sua sensibilidade aguda e bem humana, São Francisco de Assis assimilou essa mesma postura. Ele não se sentia atraído para altas reflexões teológicas sobre os mistérios de Deus. No entanto contemplava o que os Evangelhos apresentam: o Filho de Deus entre nós, doando sua vida e morrendo na Cruz. Para não perder de vista essa verdade, que costumava contemplar, chegou a compor uma oração que é o ofício da Paixão do Senhor. Adotou a letra grega e hebraica "Tau" como crucifixo franciscano. Essa devoção desdobrava-se para ele em três atitudes vivenciadas simultaneamente. Primeira: a *compaixão* pelas dores sofridas na Paixão. Ficava tão compenetrado pelos sofrimentos de Jesus que chorava frequentemente. "Certa vez, andava sozinho nas proximidades da igreja de Santa Maria da Porciúncula, chorando aos prantos e *clamando* em alta *voz*. Ouvindo-o, um homem espiritual [...] perguntou por que chorava. Ele disse: 'Choro a Paixão do meu Senhor, e por isso não deveria envergonhar-me de andar pelo mundo inteiro chorando em alta voz'. Aquele também começou a chorar com ele em alta voz" (LTC, V, 14, 4-6). Outra atitude que a meditação da Paixão despertava nele: a *partilha* dos próprios sofrimentos do Redentor. É o que lhe ocasionou ter o fenômeno dos estigmas de Jesus Crucificado. Era setembro de 1224 e São Francisco estava no Monte Alverne em profunda oração, quando sentiu seu corpo transpassado. Apareceram nele as chagas da própria Paixão do Senhor nos pés, nas mãos e no lado. Esse fato o identificava com Jesus Crucificado. Tornou-se ícone de seus sofrimentos. E, como terceira atitude presente na vida do Santo de Assis, há o aprendizado da Cruz, *doar-se* sem medida. Em sua juventude, pelos 24 anos, ele andava nos arredores de sua cidade, procurando ter um aceno do alto para definir o rumo de sua vida. Em suas andanças, entrou na capela de São Damião que ficava ao longo da estrada. Prostrou-se diante de um crucifixo que lá estava. Em oração, eis que de repente ouviu uma voz saindo da imagem do Crucificado: "Francisco, restaura a minha Igreja que está em ruína!" Olhando ao redor, viu as paredes de pedra em ruína. Esse encontro modificou sua vida, pois, acolhendo a ordem recebida, começou a trabalhar para restaurar a igrejinha. Cristo chamava-o para uma obra mais ampla, isto é, para reconstruir a Igreja toda. Já a partir do serviço aos leprosos e, em seguida, na atividade missionária de evangelização, com uma vida humilde e pobre, quis imitar o Mestre crucificado. Jesus havia ensinado ao mundo que não há maior prova de amor do que dar a vida pelos que amamos. A contemplação de Jesus pobre e sofredor manteve São Francisco sempre envolvido pela visão da Cruz e também ativo na ação em prol do próximo necessitado!

10º dia

CONVIVENDO COM AS FRAGILIDADES

MOTIVAÇÃO DE FÉ

Além das fragilidades físicas, que são nossas doenças, Senhor, estamos sujeitos também às fragilidades humanas que pesam sobre nós. Como superá-las? É esse o nosso esforço constante e a nossa luta, pois somos chamados sem cessar para uma conversão de vida. Mas ao mesmo tempo limites e dificuldades nos acompanham, como carga da qual não conseguimos nos livrar. O que fazer? A aceitação torna-se necessária, precisamos conviver com elas para que não produzam feridas ou prejuízos maiores. Assim, Senhor, precisamos que vossa graça nos sustente. Temos que ter humildade e confiar em vós. Não podemos reclamar de tudo e de todos. A resiliência consiste não em negar as dificuldades existentes, mas em enfrentá-las com coragem e paciência. Humildemente vos pedimos,

Senhor, que possamos continuar em frente, sem sucumbirmos ao desânimo. Em sua vida, São Francisco reconheceu sua pequenez, mas confiou na vossa graça e se manteve fiel ao vosso serviço, perseverando nele!

REFLEXÃO

Não pensemos que São Francisco de Assis tenha sido alguém perfeito! Ele vivenciou a realidade humana com suas buscas e lutas como todo ser que vive neste mundo. Procurou viver na realidade de seu tempo e de acordo com sua personalidade: com simplicidade e justiça. Teve suficiente discernimento quando na ordem ingressaram pessoas letradas. Foi o caso do frei Antônio de Lisboa, que havia estudado entre os agostinianos em Coimbra, Portugal. Para preparar melhor os irmãos pregadores, transmitia a mensagem bíblica e teológica. E, diante da nova situação surgida, São Francisco, que se mostrava pouco favorável ao estudo e aos diplomas, escreveu um bilhete a Santo Antônio para que ele continuasse a lecionar teologia aos irmãos, contanto que fosse conservado o "espírito da oração e devoção". Mais adiante, quando a ordem franciscana havia crescido e tinha muitos novos membros, não teve dúvida de entregar o cargo de ministro (ou seja, de superior) a outro colaborador. Todos temos qualidades e virtudes e, ao mesmo tempo, fraquezas e incoerências. Temos, porém, o dever de lidar com isso, corrigir e orientar melhor nosso modo de ser e agir. O que importa é evitar soluções erradas. Como, por exemplo, quando muitas vezes atribuímos ao próximo nossos insucessos. Outra observação: é um fator importante a confiança! Não só em nós, mas naquele que conduz os acontecimentos: Deus! Com uma visão de fé, será mais fácil lidarmos com as situações que enfrentamos, porque com a graça divina orientaremos melhor os passos a serem dados. Sendo sinceros conosco e confiantes, nossas fragilidades não serão pedras de tropeço, mas poderão ser pedras para construir uma vida mais bonita e saudável!

11º dia

SÃO FRANCISCO
E O PRESÉPIO

MOTIVAÇÃO DE FÉ

Senhor, o vosso nascimento, que festejamos todos os anos em 25 de dezembro, desperta sempre um clima de alegria, paz e luz. Trata-se de um momento ímpar, que nos faz bem, pois nos faz crer que nem tudo está perdido. vossa presença entre nós, Senhor, é garantia de que o bem vence o mal. Quem podia imaginar algo tão maravilhoso e inesperado? Manifestou-se vossa bondade ao virdes, como Deus Emanuel, para assumir nossa natureza humana e recriá-la, para nos dar a esperança de que o horizonte da salvação não era uma ilusão. Assim, adultos e crianças, diante do cenário do presépio, sentimos nosso coração vibrar pela simplicidade de contemplar a Virgem Maria, São José, os pastores e todos os envolvidos em vosso nascimento na simples gruta de Belém.

São Francisco experimentava a mesma emoção ao meditar sobre vossa vinda ao mundo! Foi ele que quis, inclusive, como "místico da encarnação", indicar esse mistério por meio do presépio, uma representação do grande evento. Essa iniciativa perdura ainda hoje. Por isso vos agradecemos, Senhor, porque por meio da criatividade do Santo de Assis temos um meio valioso para representar a sagrada história acontecida em Belém!

REFLEXÃO

São Francisco possuía um coração sensível e agradecido pelas maravilhas realizadas por Deus em favor da humanidade. Muito se alegrava e até se comovia diante do mistério do Natal. Pela vinda de seu Filho ao mundo, Deus uniu a si o ser humano e lhe concedeu vida nova. Realizou aquilo que o ser humano mais busca: a salvação! No ano de 1223, quando estava próxima a festividade do Natal, o Santo de Assis sentiu em seu coração que deveria celebrar de modo todo especial essa data cristã. Encontrava-se em Greccio, localidade nas montanhas da região de Rieti. Mandou chamar o amigo João Velita e manifestou-lhe o desejo de comemorar através de uma encenação, ao menos uma vez, a vinda do Filho de Deus à terra. O amigo aceitou o convite e providenciou o bosque necessário para que se tornasse o cenário do nascimento do Filho de Deus. Arrumou naquele terreno uma gruta e, dentro dela, uma manjedoura com palha. Também um jumento e um boi. Convidou os frades e o povo. E assim, naquela noite, chegaram os moradores do lugar e frei Francisco, junto com seus companheiros. Todos traziam tochas acesas que iluminaram o bosque inteiro. Entre cânticos e preces, iniciou-se a celebração. Frei Francisco, após a leitura do Evangelho da natividade de Jesus, falou do nascimento do Salvador, sendo tomado de alegria e de muita unção. Era como se ele tivesse em seus braços o Menino Jesus e o acariciasse com indizível amor. A noite passou rapidamente e todos voltaram para suas casas com o coração cheio de fé, à semelhança dos pastores que, na noite sagrada, foram homenagear o Salvador recém-nascido. Temos, pois, que agradecer a São Francisco por essa iniciativa, que visa manter viva a recordação de algo tão importante para todos os cristãos: o presépio, que é organizado em igrejas e residências ao longo dos séculos. Que nossos presépios não sejam meros enfeites, que nos estimulem a rezar, agradecendo o infinito amor divino que para nós se manifestou no Natal!

12º dia

"NÃO JULGUEIS!"

MOTIVAÇÃO DE FÉ

Senhor, que nos ensinastes a não julgar (Mt 7,1) porque o julgamento só a vós pertence, ajudai-nos a praticar esse ensinamento! Costumamos emitir facilmente juízos sobre o nosso próximo. Apontamos defeitos. Espalhamos notícias prejudiciais àqueles que convivem conosco ou que estão ausentes. Dai-nos uma postura misericordiosa, para que evitemos palavras levianas com relação aos nossos semelhantes! Sabemos que hoje em dia vivemos envolvidos pelo mundo da comunicação: temos diversos meios de comunicação social. O celular faz parte de nossa vida e está em nossas mãos, possibilitando que teçamos comentários de todo tipo nas redes sociais. Sejamos mais vigilantes! Saibamos medir as palavras que falamos! Sejamos comedidos em digitar algo impróprio.

Evitemos criticar os defeitos alheios, porque apresentamos, quem sabe, defeitos e falhas bem maiores em nosso comportamento! Hoje, queremos nos espelhar em São Francisco de Assis, que não julgava e não condenava nem autoridades nem pessoas. A todos acolhia! Vale a pena, Senhor, controlarmos, com todo cuidado, nosso pensamento e nossa língua!

REFLEXÃO

São Francisco era bem taxativo com relação a essa praga que é o julgamento apressado e rigoroso do próximo. Na *Regra Não Bulada*, recomenda vivamente: "Não julguem, nem condenem". Traz, inclusive a justificação: "Não murmurem, não destratem os outros porque está escrito: *Murmuradores e detratores* são *odiosos para Deus*" (RNB, XI, 8). Deus quer que seus filhos e filhas se amem e vivam em fraternidade: para que haja harmonia e paz é fundamental o respeito mútuo. A murmuração destrói o bom relacionamento, criando mal-estar e corroendo o espírito comunitário. Há um autor que afirma, com toda a razão, que o amor entre as pessoas não começa com palavras ou abraços. Começa com nossos pensamentos e nossos sentimentos! Para aprimorarmos nossa vida cristã, olhemos para Jesus Cristo, como fazia São Francisco: Jesus, manso e humilde de coração! Quem somos nós para assumirmos o papel próprio de Deus? Temos que ter humildade e controle sobre o que se passa em nosso coração. Assim, as palavras fluirão dentro de um clima mais respeitoso e, consequentemente, mais amistoso. Afinal, queremos corrigir os outros, quando deveríamos emendar nossa conduta e deixar a Deus o julgamento! São Francisco de Assis, durante toda sua vida, absteve-se de julgar a autoridade religiosa, papa, bispos e sacerdotes, mesmo sabendo que havia personalidades indignas. Rezava, certamente, por elas. Chegou a escrever em seu Testamento: "E neles não quero considerar pecado, porque neles diviso o Filho de Deus, e [os prelados] são meus senhores" (T, 9). Isso não significava fechar os olhos para a realidade existente. Ele tratava a todos com delicadeza e misericórdia. Registrou em uma das suas *Admoestações*: "Onde há misericórdia e discrição, não há superfluidade nem dureza" (Ad, XXVII, 6). Naquele que tem, em sua interioridade, bondade e amor, eis que surgem atitudes positivas, enquanto a dureza em tratar os outros e o julgamento do próximo são provenientes de um coração mesquinho. Possamos, em resumo, falar e agir em favor do bem e da paz!

13º dia

SÃO FRANCISCO E A IGREJA

MOTIVAÇÃO DE FÉ

Senhor, deixastes a comunidade dos vossos discípulos, também formada por vossos seguidores ao longo dos séculos, como continuadora da obra da salvação. Essa comunidade é a Igreja: a ela pertencemos pelo batismo. Somos Igreja católica sob a guia do papa e dos bispos, que têm como colaboradores os padres. Somos chamados a proclamar a boa-nova do Evangelho com nossa vida e nossa palavra. Nem sempre, ó Senhor, temos uma participação ativa e responsável, porque ficamos numa situação cômoda e nos omitimos em relação à nossa missão. Reclamamos daqueles que nos conduzem. E acabamos até nos afastando ou migrando para outras denominações religiosas. No entanto, muitos ajudaram a construir essa Igreja, como pedras vivas, com seu empenho que os levou inclusive a morrer pela causa da fé cristã. São Francisco de Assis tomou sobre si a missão de renovar a Igreja com sua vida!

REFLEXÃO

Após sua conversão, São Francisco de Assis fez questão, no ano de 1210 e juntamente com seus novos companheiros de vida, de se apresentar ao papa para obter a aprovação do modo de viver que havia escolhido para seguir a Cristo. Encontrava-se em Roma o bispo de Assis, que apresentou o grupo ao papa Inocêncio III. O papa tivera um sonho em que alguém estava sustentando a basílica de São João de Latrão – a catedral de Roma –, que corria o risco de cair. Reconheceu frei Francisco no meio daquele grupo de pobres frades: era com ele que havia sonhado; por isso, após ouvi-lo e admoestá-lo, abençoou a ele e aos seus companheiros. Permitiu que pregassem nas praças e igrejas e que vivessem um novo estilo de vida religiosa, porém na obediência ao papa e aos seus sucessores. Isso animou Francisco e o grupo todo a realizar o apostolado sempre em sintonia com a orientação da Igreja. Por isso, no início da Regra franciscana, lê-se: "Frei Francisco, e quem for o cabeça desta Ordem, promete obediência e reverência ao senhor Papa Inocêncio e aos seus sucessores" (RNB, Prólogo, 3). Em suas palavras não fazia julgamentos, nem em seus escritos há críticas à hierarquia ou à conduta das pessoas de igrejas daquele tempo. Seu testemunho de vida já era um questionamento para todos: religiosos e leigos, eclesiásticos ou povo cristão. Adotou um modo de evangelizar e de edificar a Igreja, necessitada mais de exemplos do que belas palavras. Assim aproximou-se das pessoas, mostrando a beleza de viver a fé na fraternidade e no desprendimento, na fidelidade e na simplicidade. Seja São Francisco nossa inspiração para vivermos a comunhão eclesial a cada dia. Em seu tempo, como em nosso tempo, havia aqueles que rejeitavam a autoridade religiosa, apegando-se em nome do Evangelho a doutrinas particulares. O Santo de Assis é alguém que vivenciou o Evangelho sem se separar da comunhão com a Igreja!

14º dia

VIVER A SIMPLICIDADE

MOTIVAÇÃO DE FÉ

Senhor, está na moda em nosso tempo o glamour, isto é, uma vida de ostentação. De fato, os meios de comunicação e, particularmente, a mídia social dão destaque a ídolos, como jogadores de futebol, cantores, artistas e personalidades políticas, que se tornam conhecidos e badalados! Trata-se de um fenômeno que nos envolve. Olhando para o jovem Francisco de Assis, bem sabemos que em sua juventude também seguiu esse caminho. No entanto, eis que abandonou a vida voltada para a procura de fama para assumir uma vida exatamente contrária: de desapego e simplicidade! Assim tornou-se o "poverello" de Assis e o "humilde Francisco"! Ele quis imitar a Jesus Cristo, que "de rico se fez pobre". O Filho de Deus esteve de fato entre nós e não se negou a viver a condição humana. Esta é a identificação que São Francisco buscou ao escolher a pobreza como companheira e esposa. Desta forma, ele acolheu a simplicidade no modo de vestir, morar, se alimentar e, sobretudo, no modo de ser. É o ensinamento que devemos assimilar, Senhor. Não devemos ficar envaidecidos se conseguimos realizar algo bom. Saibamos atribuir o bom resultado não apenas ao nosso esforço, mas sobretudo ao apoio de vossa graça que sempre nos é concedida. E, assim, não fiquemos tão preocupados com a nossa imagem. Somos aquilo que somos diante de vós e nada mais!

REFLEXÃO

Para São Francisco, a vida de Jesus era motivo de incessante meditação. Como vimos, contemplava o Menino Jesus, nascido da Virgem Maria, deitado na manjedoura em uma gruta de Belém; crescendo, compartilhando a vida simples em Nazaré, evangelizando, com seus discípulos, após os trinta anos, sem ter conforto algum, e morrendo, ensanguentado na cruz, despojado de suas vestes. Tudo isso provocava nele admiração e o inspirava a viver de acordo com o Santo Evangelho, assumindo uma vida de total despojamento. Colocava sua confiança em Deus. Andava pelo mundo afora, falando do amor de Deus por nós e por todas as criaturas e, sem timidez, mendigava a comida necessária para sobreviver. Queria que seus companheiros assim se apresentassem: sem orgulho, deviam suportar em paz as incompreensões. "E, mesmo que sejam chamados de hipócritas," – recomendava na RNB – "não cessem de fazer o bem nem procurem vestes caras neste século para que possam ter a vestimenta no Reino dos Céus" (RNB, II, 15). Continuava: "E cuidem-se de não se mostrarem exteriormente tristes e sombrios hipócritas, mas mostrem-se *jubilosos no Senhor*, alegres e convenientemente graciosos" (RNB, VII, 16). São palavras de exortação que dirigia a quem quisesse segui-lo e que continua dirigindo a quem deseja viver a espiritualidade franciscana. Talvez soem estranhas para nós, hoje, tão preocupados com a exterioridade, mas é próprio da simplicidade contentar-se com uma apresentação sóbria. É verdade! Sem tantas pretensões somos mais felizes!

15º dia

SÃO FRANCISCO E A POBREZA

MOTIVAÇÃO DE FÉ

Senhor, estamos chegando bem na metade dos 30 dias de nosso itinerário franciscano. Sabemos que o "pobrezinho de Assis" fez da pobreza a sua virtude predileta, escolhendo-a como esposa a tal ponto que a considera a virtude "seráfica" por excelência. Qual a razão disso? É que São Francisco, separando-se do mundo e superando a ganância advinda das posses, aproximou-se de Cristo pobre e encontrou, assim, a pérola de grande valor que ele buscava. Cabe a cada um de nós, Senhor, não ficarmos prisioneiros dos bens terrenos. Temos que nos conscientizar de que o que nos dá alegria é encontrar e viver em vosso amor. O desapego é a atitude de vida que nos ajuda a irmos ao vosso encontro, abandonando as ilusões que o mundo nos oferece. Vale a pena o sacrifício de colocar como prioridade servir a vós, Senhor, e partilhar com o nosso próximo mais desprotegido os nossos recursos, como São Francisco fez! Ajudai-nos a trilhar o caminho que ele abraçou com tanto ardor. Se não conseguimos alcançar a intensidade com a qual vivenciou a pobreza, pelo menos, possamos preencher nosso coração com vossa presença, sem que nos dominem as vãs preocupações deste mundo!

REFLEXÃO

São Francisco de Assis é chamado de "poverello" de Assis pelo fato de ter vivido pobre e ter, assim, mostrado à Igreja e à humanidade a necessidade do desapego. Viveu a vida de união com Cristo pela entrega sem reservas, na pobreza assumida com radicalidade. Contemplava nosso Salvador em sua natureza humana, do presépio ao Calvário e durante toda a sua vida, admirando-se do jeito desprendido que escolheu ter ao longo de toda a sua caminhada neste mundo. Por Jesus não ter tido sequer uma pedra onde repousar sua cabeça, São Francisco rejeitou, pura e simplesmente, toda espécie de propriedade individual ou coletiva. Em sua Legenda Maior, São Boaventura afirma: "Queria, de certo, tornar-se em tudo conforme com Cristo crucificado, que ficou pendurado na cruz pobre, dolorido e nu" (1B, XIV, 4, 5). Criou uma identificação tão grande que teve em seu corpo as marcas da Paixão. Desejou ardentemente que seus companheiros na vida religiosa praticassem o mesmo rigor, considerando-se peregrinos e estrangeiros neste mundo. O primeiro passo em direção a este desapego de uma vida pobre consistia em rejeitar o dinheiro, que para ele – conforme expressão de São Basílio de Cesareia – era o "esterco do diabo". Essa rejeição era decorrente da lembrança de Judas Iscariotes, que traiu Jesus, seu Mestre, por trinta moedas de prata. Ao não possuir dinheiro, era levado a viver no despojamento. Para se manter, São Francisco e os frades ajudavam em trabalhos manuais e, desta forma, recebiam o alimento de que necessitavam. Mas, se não houvesse trabalho, tinham que mendigar de porta em porta; a essa prática de pedir comida, São Francisco chamava de "buscar a mesa do Senhor". Tratava-se de um exercício a ser feito para manter a confiança na Providência divina! Na verdade, esse era ao mesmo tempo um exercício de constante humildade. Se houvesse alguma doação, aquilo que era recebido devia ser devolvido aos doadores ou entregue à Igreja. Nada devia ser retido. Essa pobreza radical foi ao longo do tempo atenuada e causou intermináveis discussões entre os próprios membros da ordem franciscana. Não resta dúvida, porém, que para São Francisco a pobreza foi uma vivência fundamental para sua espiritualidade. No Evangelho, a primeira bem-aventurança é justamente esta: "Bem-aventurados os pobres, porque deles é o Reino dos céus" (cf. Mt 5,3-12)!

16º dia

SERVIR É NOSSA VOCAÇÃO

MOTIVAÇÃO DE FÉ

Senhor, é muito o que recebemos de vossas mãos misericordiosas! Cada um de nós deveria agradecer sem cessar a vós, que sois o Sumo Bem, usando a expressão utilizada por São Francisco! E, ao mesmo tempo, deveríamos estar prontos a colaborar convosco, fazendo frutificar as tantas graças recebidas. O impulso para fazer o bem surge em vista do amor que é derramado por vós em nossos corações: leva-nos a sermos agradecidos e a servirmos os nossos irmãos, especialmente aqueles mais esquecidos. Como o mundo seria diferente se tivéssemos a capacidade e o empenho de amar a todos! Amigos e inimigos, crianças abandonadas e idosos na solidão, jovens nas drogas e famílias carentes, pessoas simples e moradores na rua. Apesar de tanto progresso e relativo bem-estar, ainda há miséria e inúmeras pessoas a serem socorridas. Dai-nos, Senhor, olhos para perceber onde podemos servir ao nosso próximo e, como bons samaritanos, amparar aqueles que estão caídos à beira do caminho! A vocação de todo cristão e de todo franciscano é servir desinteressadamente, multiplicando iniciativas que favoreçam a vida daqueles que mais precisam. Fazei-nos, Senhor, instrumentos de vosso Amor!

REFLEXÃO

Para os seguidores do Evangelho há um duplo preceito inadiável: amar a Deus e amar ao próximo. Jesus, ao deixar esse mandamento fundamental de amor, não disse para amar com moderação, com restrições, com prudência, mas "de todo o teu coração, de toda a tua alma e de toda a tua mente" (cf. Mt 22,37). Esse amor, então, tem que ser dirigido a Deus e a nossos semelhantes com o intuito de servir de modo desinteressado e altruísta. São Francisco, após sua conversão, conjugou esse verbo com esmero. Fez-se servidor de Deus Altíssimo e servidor de leprosos e outros necessitados. É bem interessante notar que em seus escritos o verbo *servir* é repetido 29 vezes. Praticou a disponibilidade no dia a dia, bem como com atos heroicos.

Aproveitava, inclusive, todas as ocasiões e até os momentos mais simples para dedicar-se aos outros, como quando, vendo um frade enfermo e fraco, decidiu ajudá-lo. Para que se fortalecesse em saúde, procurou uma vinha onde havia uvas maduras. Numa manhã, bem cedo, levou o frade ao vinhedo e, juntos, comeram alguns cachos de uva, de tal modo que o irmão enfermo se sentisse melhor (cf. CAs, 53). Essa espécie de delicadeza nos parece ingênua, no entanto, fazia parte do dia a dia do Santo de Assis. Em nosso cotidiano, nós temos também um sem número de oportunidades para servir nossos irmãos que necessitam de uma atenção e de um apoio concreto. O título de "servidor" deve fazer parte da nossa vida cristã, mais do que outros títulos nobres como "gestor", "professor", "doutor", títulos que hoje são tão valorizados. Por outro lado, se servimos ao próximo com simplicidade, saibamos do mesmo modo, pelo fato de sermos frágeis, pedir ajuda com espírito humilde a quem está ao nosso lado. É claro, sem querer tirar proveito; e, recebida a ajuda, sejamos agradecidos!

17º dia

SÃO FRANCISCO E A ORAÇÃO

MOTIVAÇÃO DE FÉ

Senhor, sabemos que a oração nasce de um coração cheio de fé e que confia em vossa presença. Supõe certeza de que escutais vossos filhos e filhas! É um grito de gratidão ou de socorro que é a vós dirigido, com o pensamento ou com a voz, em silêncio ou em coro com a comunidade, de joelhos ou em pé, sentado ou andando, pouco importa: há sempre um fiel que confia ser ouvido. É algo que é vital para nós! Foi essa a disposição que os santos e santas cultivaram ao manterem um contato permanente convosco. São Francisco foi um deles. Ele preenchia o seu tempo com ela, quaisquer que fossem suas ocupações, e dedicava à oração todo o seu corpo e o seu coração. Não era alguém que orava, mas era a própria oração, como afirma Tomás de Celano. "Muitas vezes ficava ruminando com os lábios parados, e levando para dentro todo o seu exterior, elevava-se para as alturas. Deste modo dirigia o olhar e o seu afeto naquela única coisa que pedia ao Senhor, feito não apenas orante mas a própria oração" (2C, segundo livro, LXI, 95, 4-5). *Senhor, saibamos dar espaço a vós mediante nossas preces pessoais ou comunitárias, não apenas pedindo, mas louvando vosso amor. Brote espontâneo esse louvor do nosso coração, continuamente!*

REFLEXÃO

A oração tinha para o Santo de Assis uma importância capital. Seus escritos mostram isso. Sua vida foi um testemunho claro de que ele, em primeiro lugar, era um adorador do Altíssimo em espírito e verdade. Após ter feito publicamente sua renúncia aos bens do pai diante do bispo de Assis, deixou a família expressando sua confiança no Pai do céu. Caminhou cantando em língua francesa os louvores do Senhor. E, quase ao término de sua vida, já doente, preparou aquele Cântico do Irmão Sol, em que reconhece a grandeza do Criador por todas as suas obras. Escolhia lugares apropriados para rezar, retirando-se para os bosques do Monte Alverne ou junto ao lago Trasimeno, ou para outros lugares silenciosos longe de todo contato humano. Costumava se perguntar: "Ó Senhor, o que queres de mim? O que desejais que eu faça?". Assim, podia discernir aquilo que era a vontade de Deus para ele. Sua vida, dessa forma, era unificada. Certa vez, não sabendo se devia realmente permanecer na vida de constante retiro e oração, pediu a Santa Clara que rezasse para que Deus lhe mostrasse o caminho a seguir. Eis a resposta: devia, sim, retirar-se, mas continuar com seu apostolado junto ao povo. A oração como diálogo com Deus é algo que deve fazer parte da vida de todo cristão. Infelizmente, por causa da vida agitada, torna-se difícil para nós mergulharmos na oração e, mais ainda, em uma meditação prolongada. Vivemos dispersos. Não conseguimos encontrar momentos para elevar nosso pensamento ao Senhor, a não ser rapidamente de manhã ou antes de adormecer. Mal vamos à missa de domingo. No entanto, algumas pessoas mantêm em casa um cantinho onde há uma Bíblia, um crucifixo e algumas imagens de santos para ser um oratório, onde podem compenetrar-se para rezar. Como seria bom que esse lugar estivesse presente em muitas residências para permitir às pessoas dedicar-se à oração! Cada um deveria ter um projeto de vida que contemplasse preciosos momentos de encontro com Deus. Afinal, só ele é nossa "rocha e proteção"!

18º dia

A BUSCA DE DEUS

MOTIVAÇÃO DE FÉ

Senhor, de acordo com o filósofo Blaise Pascal, "existem aqueles que vos servem porque já vos encontraram e aqueles que vos procuram porque não vos conhecem". Trata-se de uma dupla categorias de pessoas. Na realidade, a busca faz parte da nossa existência humana e encontrar o vosso amor é sem dúvida uma grande graça, porque temos sede de amor e de felicidade. Dai-nos, Senhor, acalmar essa sede que nos estimula a sempre mais procurar-vos. E, mesmo que vos tenhamos encontrado, precisamos renovar a vontade de permanecer em vossa comunhão. São Francisco, ainda jovem, ao descobrir o chamamento para viver segundo o Evangelho, sentiu-se atraído para vós e venceu todos os obstáculos para permanecer nesta vocação. Levou outras pessoas para esse caminho e, assim, multiplicou o número daqueles que se apaixonaram pela causa de Cristo e do Evangelho. Como é bom caminhar convosco, Senhor! Fazei que estejamos envolvidos nessa aventura que enriquece nossa existência. Concedei-nos também, pelo nosso exemplo, ajudar outros para que, percebendo a fecundidade desta busca, alcancem a beleza de acolher o vosso amor! Os tantos recursos dos quais disponibilizamos hoje não conseguem preencher e completar o sentido do nosso existir! Vosso amor nos basta!

REFLEXÃO

O Santo de Assis foi alguém sedento por Deus. Temos que admitir que essa foi e é sua primeira característica, porque na juventude sentiu-se chamado a seguir o Evangelho, tornando-se o "arauto do grande Rei". Sabemos que ele viveu na Idade Média, tempo em que o Sagrado, na vida familiar e social, era extremamente significativo. Porém foi o seu encontro pessoal com Cristo e o Evangelho que deu sentido à sua vida. Quando temos em conta a iconografia do Santo, notamos que, na maioria das vezes, é apresentado nas pinturas como um Francisco cantor da natureza, mergulhado no meio de um cenário de flores, aves e plantas. É o Santo da ecologia. Na verdade, é necessário que o visualizemos, em primeiro lugar, como alguém totalmente absorvido na relação com Deus. Fez de Jesus Cristo o seu Mestre e Salvador. Considerava-se miserável, mas muito amado por Deus. Vibrando por essa maravilha, exclamava, "Meu Deus e meu tudo!". A oração, como vimos, fazia parte integrante de sua vida: era o suspiro de seu espírito, sempre voltado para o plano amoroso de Deus sobre as criaturas. Ele sentia-se filho de um Deus bondoso e misericordioso: isso dava-lhe uma alegria interior que todos notavam. E nós? Qual é nosso itinerário? Especialmente hoje, dentro de um mundo fluido e pluralista, muito voltado sobre si mesmo, somos tentados, também, a permanecer inclinados sobre nós mesmos, como a árvore do salgueiro-chorão. A figura de São Francisco nos convida a olhar para cima, a buscar a paz e a alegria que só podemos desfrutar no encontro com Deus!

19º dia

SÃO FRANCISCO E A SOLIDÃO

MOTIVAÇÃO DE FÉ

Há um tipo de solidão que nos pesa, Senhor! Como aquela que ocorreu na recente pandemia que assolou o mundo por quase três anos. Para evitar a contaminação do vírus indesejado, tivemos que ficar em casa, retirados do convívio de outras pessoas. Uma análoga situação se dá com aqueles que ficam isolados porque se encontram hospitalizados em função de alguma enfermidade, ou fechados numa prisão. É sempre uma solidão forçada! Porém há uma outra, escolhida espontaneamente: a de quem se retira na solidão, como é o caso dos monges que passam a viver enclausurados por opção de vida, para dedicar-se mais a Deus. São Francisco abandonou o mundo e quis testemunhar uma vida evangélica sem retirar-se do convívio humano. No entanto, gostava de passar semanas e até meses em lugares solitários para voltar, em seguida, fortalecido em sua vocação de servidor de Deus. Senhor, todos nós precisamos intensificar nossa vida espiritual, com momentos de oração e meditação. São momentos preciosos de silêncio! No entanto, o ritmo a que estamos submetidos, de trabalhos, afazeres, preocupações de todo tipo, parece inviabilizar pausas saudáveis que permitam a interiorização da vida cristã. Para quem está na Vida Consagrada há retiros anuais. E para quem tem obrigações familiares? No tempo de Carnaval, no fim de ano ou nos "feriadões", os filhos pedem que os pais os levem para curtir dias na praia ou de passeio. Assim, Senhor, é difícil para muitos ter o tempo para si e para vós, nosso Deus. Resta o discernimento de reservar alguns minutos do dia: é, pois, nesse tempo bem limitado para quem deseja ter instantes de solidão que se dá um encontro diário convosco, Senhor. E a celebração dominical seja outro momento valioso para manter e alimentar a fé cristã!

REFLEXÃO

Em plena juventude, o ideal de Francisco de tornar-se cavaleiro, tanto na guerra contra Perúsia bem como nas Cruzadas, ruiu. Renunciou, também, aos bens paternos e retirou-se da família. Levava uma vida de ermitão fora da cidade, sozinho em reflexão. Ocupava-se de acudir os leprosos e reconstruir igrejas abandonadas. Foi a primeira experiência de solidão, até assumir o ideal da vida evangélica junto com os companheiros que Deus lhe havia dado. Encontrou, finalmente, a missão de testemunhar com uma vida pobre e de oração os valores da fé e da fraternidade. No entanto, experimentava a necessidade, no meio das andanças, de ter momentos para revigorar sua vida de entrega a Deus. Gostava de passar dias em lugares afastados, chamados eremitérios, que eram oferecidos a ele e aos frades por amigos, como o Monte Alverne e outros dezessete lugares. São Francisco apreciava, assim, viver a solidão em retiro por um tempo razoável. Era uma solidão para renovar suas forças interiores, ocasião para aprofundar a fidelidade da sua vocação. A "irmã solidão" era para ele extremamente benéfica. Inclusive, dentro da história do franciscanismo, formaram-se duas tendências bastante acentuadas: aquela dos frades que desejavam viver nos eremitérios e outra daqueles que preferiam a vida dos conventos. Qual é a lição que São Francisco e seu amor à solidão nos deixaram? Diante das fraquezas humanas, o cultivo do seguimento ao Evangelho necessita de constante atenção. O próprio Jesus sempre alertava seus discípulos e também a nós para que sejamos vigilantes, mantendo as lâmpadas da fé e da caridade sempre acesas. A chama de nossas virtudes vai se atenuando cada vez mais com o envolvimento em tantas atividades e preocupações. O ativismo é, sem sombra de dúvida, uma tentação. Para refazer nossa interioridade é importante recarregar nossas baterias espirituais. Portanto, para cuidar da nossa vivência cristã, não podemos prescindir de ocasiões de oração, exame de consciência e silêncio.

20º dia

LIDANDO COM AS CRISES

MOTIVAÇÃO DE FÉ

Senhor, são muitas as dificuldades que enfrentamos em nosso caminho! Aliás, em nossa vida, desde que nascemos, há momentos de choro. Vai transcorrendo no meio de alegrias e tristezas e se conclui com a dor de deixar nosso mundo pela morte. Precisamos da vossa graça para que as crises, que representam obstáculos em nossa caminhada, às vezes de pequeno porte e em outras de grandes proporções, possam ser superadas. Homens e mulheres de vida santa passaram também por "noites escuras". O Santo de Assis não foi exceção! Teve que lidar com essas noites. Mas teve coragem e persistência ao enfrentar horas difíceis e momentos espinhosos. Assim, esses momentos tornaram-se oportunidade para fortalecê-lo sempre mais em sua identidade de servidor de

Deus. Tudo é graça! Fazei que, dentro de nossa vida diária, não esmoreçamos e, com vossa ajuda, sigamos sempre em frente! Fazei, Senhor, que as crises e as provações nos amadureçam na fé. Possam nos dar a certeza de que vosso amor está conosco a cada dia e a cada momento!

REFLEXÃO

Somos bombardeados, hoje em dia, por esta palavra: crise. De fato, verificamos que ela pode ocorrer em vários setores da vida humana: na área da saúde, da família, das finanças, da política e assim vai. Temos crise de todo o tipo! O que é, afinal, a crise? O termo refere-se a uma situação que cria tensão e angústia. Trata-se de uma situação que pode ser resolvida em pouco tempo ou que pode perdurar por muito tempo. É uma palavra que vem da língua grega e significa "discernir", porque se aplica a algum problema que exige discernimento. Porém, junto com esse sentido, a palavra inclui também o conceito de oportunidade. A crise pode ser um meio de crescimento. Será que os santos passaram por dificuldades? Como seres humanos que foram, eles tiveram que passar e enfrentar múltiplas crises, inclusive aquela existencial. É o caso de São Francisco de Assis, que foi deserdado pelo pai, Pedro Bernardone: esse, como bem sabemos, não aceitou a escolha de vida de seu filho. Todavia, a partir deste drama familiar, o Santo encontrou força e determinação para assumir um novo jeito de viver, tornando-se seguidor de Cristo e do Evangelho, tendo o Pai do céu como novo pai. Outra crise dolorosa ocorreu para ele quando, à frente da Ordem franciscana que ele havia fundado, percebeu que não tinha mais condições de conduzi-la. Retirou-se da direção. Foram situações com as quais ele teve que defrontar-se. Custaram para ele muito sofrimento, oração e reflexão. Porém soube enfrentá-las com confiança, tendo certeza de que Deus estava com ele e, assim, pôde superá-las. Nós também passamos por momentos de turbulência. Temos que aprender a ser resilientes, isto é, saber lidar de maneira construtiva com elas. Em vez de ficarmos apavorados e sem iniciativa, temos que aproveitar a oportunidade que nos é oferecida. Sem dúvida, representam uma aprendizagem útil para a nossa vida, pois, acolhendo-as, nós nos fortalecemos. Tornam-se nossas companheiras, nossas "irmãs", que nos permitem avançar nos caminhos do Senhor. Mas se não soubermos lidar com elas com coragem e confiança, elas vão acabar nos dominando e, no lugar de resolvê-las, vão tornar-se um espinho permanente. Com seu poder negativo, serão capazes de nos "queimar" por dentro. Vamos então fazer com que sejam uma experiência positiva para o nosso bem. Como papa Francisco costuma repetir, "Tudo é graça"!

21º dia

SÃO FRANCISCO E A IMITAÇÃO DE CRISTO

MOTIVAÇÃO DE FÉ

Jesus, Senhor nosso, sois para nós Mestre e Salvador! Sois Filho de Deus misericordioso. Vós fostes para São Francisco de Assis o Deus Emanuel vindo entre nós para mostrar o caminho até o Pai, sofrendo a morte na Cruz e, ressuscitado, caminhando conosco. O Santo de Assis sentiu-se atraído a imitar-vos em tudo, especialmente na pobreza e na fidelidade. Seguiu vossos passos tão de perto que recebeu os estigmas da Paixão em seu corpo. Desta maneira, ele é um exemplo para todos. Dai-nos, Senhor, o ardor que ele teve! Sejais, Senhor, o fundamento de nossa vida também. Precisamos, como cristãos, acolher-vos como caminho, verdade e vida. Vós sois o caminho seguro que nos leva ao Pai. Temos no Evangelho uma orientação certa para nossa caminhada neste mundo. Diante de tantas propostas, saibamos acolher a vossa verdade. E, assim, com firme adesão, temos garantida a vida que buscamos, a salvação que nos é comunicada pela fé e a vivência de vosso amor. Como o apóstolo Pedro, dizemos: "Senhor, a quem iremos? Tu tens palavras de vida eterna" (cf. Jo 6,68)! Que vosso Santo Espírito nos faça verdadeiros seguidores vossos!

REFLEXÃO

O ideal de vida do Santo de Assis foi vivenciar a plena adesão a Jesus Cristo, imitando-o e praticando a mensagem do Evangelho. A partir do momento em que ele renunciou aos bens terrenos até o término de sua vida, viveu uma entrega a Deus em alto grau. Contemplava, como místico da Encarnação, o nascimento de Jesus, Filho de Deus, na gruta de Belém, a sua Paixão e Morte na Cruz, bem como a presença na Eucaristia. Aplicava-se a tal ponto em viver o Evangelho que podia ser chamado de "homem cristianíssimo" ou "outro Cristo". Isso não parece exagero, pois para o santo de Assis a imitação de Cristo não era apenas uma postura externa. Fora da mensagem nada mais lhe interessava. Podemos afirmar que depois do discípulo amado, São João Evangelista, e do apóstolo São Paulo – para quem viver é estar em Cristo e ser uma nova criatura –

não temos outra figura do cristianismo que tenha conseguido um elo tão profundo com Cristo como aquele vivenciado por São Francisco. Não praticou uma imitação apenas piedosa. Ele sempre teve o cuidado de evitar o farisaísmo que coloca a exterioridade em primeiro lugar. Seguiu a Cristo a partir de um engajamento interior permeado de um intenso amor compassivo e solidário. Isso é um convite para nós. O relativismo e o abandono da fé em Jesus Cristo são uma realidade presente em nosso tempo, erros que estão sendo apontados pelos pastores da nossa Igreja. Olhando para figuras como São Francisco de Assis e outros santos e santas, percebemos como foram excelentes no seguimento de Cristo e da fé cristã. São para nós um lembrete para que não esmoreçamos em nossa fé. São exemplos vivos para sermos seguidores do único caminho verdadeiro que é Jesus, Nosso Mestre e Salvador!

22º dia

TER CONFIANÇA

MOTIVAÇÃO DE FÉ

Senhor, vivemos um tempo nebuloso e cheio de insegurança, apesar de tanto progresso tecnológico e midiático. É verdade! Há horas em que nos sentimos animados. Mas os acontecimentos que se sucedem sem parar e os noticiários nos deixam abalados. Sem confiança, nos perguntamos: para onde caminhamos? Parece, então, que a descrença toma conta de nós, porque tanto de modo geral como particular nos sentimos ameaçados por algo que não compreendemos. Desemprego, violência, falta de recursos, maldade e outros fatores nos atemorizam. Com isso, até nossa fé enfraquece. O que fazer para nos sentirmos mais confiantes? Senhor, precisamos fortalecernos interiormente para não sermos tragados pela descrença! A fé tem que renascer em nossa interioridade. Precisamos crer que, além das nuvens, há um sol. Essa luz vem de vós, Senhor. É luz que clareia nossos caminhos e não há nuvem que possa ofuscá-la! Se confiarmos em vós nos vários momentos e circunstâncias, nos sentiremos guiados e nossos passos estarão pisando em terra mais firme. Ajudai-nos, Senhor, para que não fiquemos sem o chão da fé. Sobre esse alicerce possamos firmar nossa vida! São Francisco de Assis não se abateu diante das adversidades enfrentadas. Que ele nos ensine a crer e confiar!

REFLEXÃO

O Santo de Assis foi alguém que cultivou a confiança. Sentia-se nas mãos de Deus e amava a todos, homens, mulheres, crianças e até mesmo outros seres que fazem parte da criação, chamando-os de irmãos e irmãs. Conseguiu estabelecer, com aquilo que existe, um relacionamento de harmonia. Por isso, constatamos que a espiritualidade franciscana respira bondade, compreensão e paz. Ela ensina a andar pelo mundo sem medo, transformando possíveis inimigos em nossos irmãos. Vale a pena lembrar que confiar vem da palavra latina "con-fidere", ou seja, estar em sintonia ou crer juntos. Supõem-se, então, duas mãos, uma de ida e outra de volta, de tal forma que a confiança não é uma atitude que se fecha sobre si mesma, mas que supõe intercâmbio. Consiste em acolher o outro. São Francisco de Assis pedia em sua Regra: "E um manifeste ao outro com confiança a sua necessidade, para que se encontre o necessário e lhe seja servido" (RNB, IX, 10). Se há confiança, cria-se um clima de colaboração tanto com Deus bem como com nossos semelhantes. Ao contrário, quando dentro de uma sociedade ou dentro de uma família não há respeito e diálogo, surgem imediatamente os mais diversos bloqueios. Às vezes, perde-se a confiança por completo. Surgem então intolerâncias, tensões, conflitos e guerras. Para desativar essa situação explosiva e deletéria, nada melhor do que reconstruir pontes. É necessário remover os obstáculos, reconstruindo a confiança! Como filhos e filhas de Deus, nossa irmandade deve sempre de se fundamentar no respeito e na confiança recíproca, assim como o fez São Francisco!

23º dia

SÃO FRANCISCO E A FRATERNIDADE

MOTIVAÇÃO DE FÉ

Senhor, deveríamos ser a vós agradecidos pelos pais e familiares e pelas pessoas de nosso relacionamento. Eles muito acrescentam e muito significam para a nossa vida. Porém nem tudo são flores. Há momentos de impaciência. Há amigos que nos traem. Surgem discórdias por causa de pontos de vista diferentes até com parentes mais íntimos. Assim, aprendemos que a convivência muitas vezes é espinhosa e o espírito fraterno é uma conquista. São Francisco de Assis não foi apenas ouvinte dos ensinamentos do Evangelho: ele foi praticante de vossa palavra, amando a todos como irmãos. Estendeu sua fraternidade aos necessitados e sentiu-se irmão de todas as criaturas saídas das mãos divinas e que fazem parte da natureza. Fazei que nós, Senhor, sejamos mais fraternos, dedicando nosso perdão aos que nos maltratam. Saibamos arrancar do nosso coração a indiferença, colocando nele compaixão pelos que sofrem e vontade de servir aos que mais precisam de nosso apoio. O escândalo "do povo faminto", como nos diz papa Francisco, nos sensibilize e leve a repartir o que temos e que foi por vós doado. É dando que se recebe. É sendo fraternos que experimentamos a alegria de nos sentirmos filhos do mesmo Pai das misericórdias.

REFLEXÃO

O Santo de Assis num primeiro momento chamou seu grupo e seus companheiros de Penitentes de Assis e, em seguida, de "frades menores", isto é, irmãos identificados com a classe social dos mais simples e pobres da sociedade daquele tempo. Fazia questão de que praticassem o amor fraterno e constituíssem uma verdadeira irmandade. Recomendava que esse amor recíproco fosse como o de uma mãe que se dedica a seu filho: amor profundo e verdadeiro. Compartilhava com todos sem exclusão seu espírito de acolhimento. Narram os Fioretti que alguns malfeitores, certa vez, chegaram ao convento de Monte Casale, exigindo dos frades que aí moravam comida e roupas. Os frades, assustados e preocupados com aquela presença duvidosa, mandaram-nos embora. São Francisco, ao saber disso, solicitou que os visitantes expulsos fossem chamados de volta. Tendo retornado ao convento, foram admoestados para que abandonassem a vida que levavam. A acolhida e o diálogo proposto pelo Santo venceram e convenceram aqueles malfeitores, que mudaram completamente de vida, a ponto de, mais tarde, também quererem ser frades (cf. Atos, 29, I Fi 26). Eles foram resgatados em sua dignidade humana pela força da acolhida e do amor. O amor, de fato, é capaz de transformar o coração e a vida das pessoas. O amor vindo de Deus e mostrado por seu Filho ao mundo motivou muitos cristãos, ao longo dos séculos, a fazerem o bem. Cabe a nós, agora, darmos um testemunho por meio de obras concretas, indo ao encontro dos que necessitam de ajuda. Só dessa forma podemos testemunhar nossa identidade de filhos de um Deus amoroso!

24º dia

A HUMILDADE

MOTIVAÇÃO DE FÉ

Senhor, estamos na escola de vosso amor! Queremos aprender, de vosso coração manso e humilde, a humildade verdadeira. A pessoa simples e humilde é digna de admiração. É alguém que não despreza nem aos outros nem a si mesma. Aceita as limitações alheias e as próprias: essa aceitação faz com que ela não se ensoberbeça, mas permaneça consciente de que o ser humano não depende de si, mas unicamente de vós, Senhor! Como nos dá o exemplo a Virgem Maria, humilde serva vossa, é preciso reconhecer que sois bom e rejeitais aqueles que têm pensamentos orgulhosos. Olhais para os simples. São Francisco também assumiu essa atitude: de ter um coração impregnado de simplicidade. Dai-nos, então, Senhor, que nos afastemos de todo orgulho!

Que aprendamos da água humilde e casta (CIS, 7), como a define o santo de Assis. Ela nos ensina a nos adaptarmos ao solo encontrado, ao escorrer pelas pedras e planícies. Adapta-se a qualquer recipiente e a qualquer situação, sem se incomodar! Dai-nos, Senhor, a paz no coração, sem vaidade ou ostentação! Fazei que vivamos sem orgulho e conservando-nos na mais graciosa simplicidade!

REFLEXÃO

São Francisco de Assis procurou ter, à semelhança de Jesus, um coração manso e humilde, simples e sem malícia. Valorizava muito a virtude da humildade, deixando essas palavras como admoestação: "Bem-aventurado o servo que não se tem por melhor, quando é engrandecido e exaltado pelos homens do que quando é tido por vil, simples e desprezado. Porque, quanto é o homem diante de Deus, tanto é em si mesmo e nada mais" (Ad, XIX, 1-2). Como é linda essa mensagem! Nosso valor é mensurado não pelos critérios deste mundo, mas valemos por aquilo que somos diante de Deus. E são muitas as ocasiões para cultivarmos a humildade! Precisamos constantemente verificar se damos demasiada importância ao nosso "eu" e à nossa autoimagem. Se, ao sermos elogiados por alguém, não ficamos por demais envaidecidos! Um lembrete sempre oportuno: vamos evitar uma ansiedade exagerada por receio do julgamento alheio. E, ao alcançarmos resultados positivos, agradeçamos a Deus e àqueles que nos ajudaram a ter sucesso na empreitada. Cuidemos, também, para não nos considerarmos possuidores da mais absoluta verdade. Saibamos ouvir o nosso próximo! Afinal, são muitas as oportunidades para nós nos exercitarmos na humildade! É exercício de humildade aceitarmos, inclusive, as contrariedades e os próprios incômodos que a idade avançada traz para nós, à medida que envelhecemos. Na saudação às virtudes, o Santo de Assis não poupa palavras sobre a humildade, que nos cura do vício da soberba: "A santa humildade confunde a soberba e todos os homens deste mundo e, igualmente, também, tudo o que há no mundo" (SV, 12). De que nosso mundo precisa? De humildade! A recente pandemia nos deixou esse legado!

25º dia

SÃO FRANCISCO E O ANÚNCIO DO REINO

MOTIVAÇÃO DE FÉ

Senhor, dissestes: "A colheita é grande, mas os operários são poucos" (cf. Lc 10,2). Por isso convidastes colaboradores que aceitaram o vosso apelo, que se tornaram discípulos e apóstolos da boa-nova da salvação. Não faltaram, ao longo da história do cristianismo, homens e mulheres que souberam dar resposta generosa ao vosso convite. São Francisco foi um deles. Em nosso tempo, o convite é renovado. Nós vos pedimos, Senhor, que muitos tenham a disponibilidade necessária para contribuir eficazmente para a evangelização (e uma nova evangelização) em benefício de uma formação cristã e consequente espiritualidade. O vazio fez com que muitos se envolvessem em falsos caminhos. A outros, que necessitassem de uma luz que lhes revelasse um sentido à existência. A missão é árdua.

Cada um de nós é candidato a ser discípulo e missionário! Não nos acomodemos, Senhor, diante de tanta urgência por um trabalho evangelizador! Se nós que fomos batizados nos omitirmos em nossa vocação batismal, não temos o direito de reclamar da escuridão e da falta de fé que envolve a tantos! Sintamo-nos empenhados como o Santo de Assis, que percebia que "o amor não é amado". Por isso se desdobrou, para que a fé, a esperança e o amor chegassem a todos.

REFLEXÃO

Vamos recordar, brevemente, os passos galgados por São Francisco até tornar-se o mensageiro do Reino de Deus, da paz e do bem. Ainda jovem, em oração diante do crucifixo na igrejinha de São Damião, ouviu a voz que lhe dizia: "Francisco, vá e restaura a minha Igreja que está em ruína". Obedecendo a ordem recebida, não demorou nem um pouco para começar o restauro daquela igrejinha e de outras capelas. A busca de recursos para conseguir o intento causou o conflito com o pai, que o deserdou diante do bispo Guido. Tornou-se a partir daquele dia o "arauto do grande Rei" e começou a entender, aos poucos, que Deus esperava que ele realizasse não tanto a obra de restauração material, mas a obra de renovação de todo o povo cristão.

Tudo ficou confirmado quando, em fevereiro de 1209, ouviu na celebração da missa como Jesus havia dado início à missão dos doze apóstolos, enviando-os, dois a dois, pelo mundo (cf. Mt 10,5-15). Ao término da celebração, o Santo de Assis buscou, junto ao padre que havia celebrado, a explicação do Evangelho do dia. Foi-lhe mostrado que Jesus, além de enviar seus discípulos a evangelizar, pediu-lhes que não levassem nem dinheiro nem bolsas. Apenas que, com todo desprendimento, anunciassem a presença do Reino e pregassem a penitência e a paz. Diante disso, São Francisco de Assis exclamou: "É isso que eu quero, isso que procuro, é isso que eu desejo fazer com todas as fibras do coração" (1C, primeiro livro, IX, 22, 3). Começou, a partir daquele momento, a pregar nas vilas e cidades da região da Úmbria e nas regiões próximas com grande fervor, provocando na população que o ouvia uma reação de conversão. Para que isso não acontecesse à margem da Igreja, ele apresentou-se ao papa Inocêncio III, que o autorizou e ao grupo de seus companheiros a viver como penitentes o Evangelho e a pregar sobre a fé cristã. É a tarefa que incumbe, agora, a nós. Como os apóstolos e São Francisco fizeram, que nós, como "outros Franciscos", possamos levar ao mundo a boa-nova de Jesus Cristo, a fim de que a fé, a justiça e a paz possam se estabelecer no coração de muitas pessoas!

26º dia

O CÂNTICO DO IRMÃO SOL

MOTIVAÇÃO DE FÉ

Como São Francisco, Senhor, amava vossa obra da criação! Amava o colorido e o perfume das flores. Sentia-se atraído pelo esplendor do dia e da luz. Conversava com os pássaros. Envolvia-se na serenidade das noites estreladas. Chamava de irmãos aos seres vivos por vós criados. Amava a natureza, porque via em toda a criação um espelho de vossa bondade e sabedoria. Para ele tudo brotava das vossas mãos generosas. Por causa disso, tudo o que pertence ao planeta Terra merecia admiração e respeito e é motivo de louvor a vós, Senhor! Ele não pensaria que as belezas e as riquezas naturais poderiam sofrer grandes ameaças por parte do ser humano. No entanto, hoje assistimos a uma triste realidade: vemos como há uma interferência indevida, por causa da ganância, em vossa obra, Senhor! Há devastação e depredação do que foi por vós criado: lidamos hoje com o desequilíbrio climático, que tem como consequência várias calamidades. Com toda a razão, o papa Paulo VI declarou o Santo de Assis padroeiro da ecologia. De fato, como prova de seu amor para com a natureza, o Santo deixou-nos o "Cântico do Irmão Sol", chamado também "Cântico das Criaturas", que é um hino de louvor a Deus. Nele bendiz e reconhece como irmãs as criaturas todas. A fonte de tudo é nosso Deus, Pai Criador!

REFLEXÃO

São Francisco, após sua conversão, encontrou-se livre dos laços que normalmente nos prendem ao mundo, e pôde doar-se totalmente a Deus. Passou a criar em sua interioridade a consciência de que todos os seres brotam da mesma origem divina. E, convicto a respeito dessa fonte comum, experimentou uma verdadeira fraternidade com tudo o que pertence à criação. Essa descoberta gerou nele e em seu coração uma ternura que o levava a amar e venerar toda a vida que vem do Criador. Comovia-se ao ver um cordeiro que estava sendo levado para o matadouro. Para não pisar num verme, passava ao longe dele. Vendo um lenhador derrubando uma árvore, pedia-lhe que não a cortasse por inteiro, mas que deixasse as raízes para que pudessem brotar novamente. Dirigia sua palavra aos pássaros para que continuassem a louvar o Criador. Pequenos fatos; porém, que mostram a sensibilidade de alguém que se sentia irmanado com tudo aquilo que foi criado por Deus. Por isso, ele foi declarado padroeiro da ecologia, representado, na maioria das vezes, num contato cheio de êxtase com a natureza. E no dia quatro de outubro, quando celebramos a sua memória –é também o dia dos animais –, é costume que seja dada a bênção aos vários animais que são companhia das pessoas e das famílias. Há um hino por ele composto que expressa de maneira magnífica essa atitude de fraternidade. É o Cântico do Irmão Sol, também chamado de Cântico das Criaturas. O Santo de Assis, bastante enfermo, havia encontrado abrigo junto ao mosteiro de São Damião, numa choupana, estendido no chão. Após uma noite envolvido em dores, brotou em sua alma um louvor – no início silencioso – ao contemplar as obras de Deus, especialmente o nascer do sol. De repente, começou a cantar, a entoar um hino a Deus pelo irmão sol, belo e radiante e, em seguida, pelas criaturas todas. O hino é uma explosão de exaltação em palavras: "Altíssimo, onipotente, bom Senhor, teus são os louvores, a glória e a honra e toda a bênção..." (cf. CIS). Surgiu, assim, uma poesia que atravessa os séculos e que revela a alma mística do Santo e, ao mesmo tempo, salienta o relacionamento que ele cultivava com Deus e com toda a criação. Sendo maltratado, o mundo criado por Deus acaba por criar problemas para nós mesmos, esquecidos de que a criação merece consideração e respeito. Diante dessa situação, a figura de São Francisco de Assis nos questiona: chama-nos a dedicar maior responsabilidade para com a obra da criação de Deus! A sermos agradecidos e, sobretudo, respeitosos!

27º dia

SÃO FRANCISCO
E SANTA CLARA

MOTIVAÇÃO DE FÉ

Senhor, encorajastes uma jovem, de nome Clara, a associar-se ao ideal de São Francisco de Assis. Assim, além dos primeiros seguidores que foram denominados frades menores, eis que, com Clara, surgiram as seguidoras chamadas clarissas. E, em seguida, também os que tinham o compromisso familiar tomaram parte no movimento franciscano, como Terceira Ordem da penitência. Era importante que o carisma de São Francisco não permanecesse restrito ao grupo masculino, mas que se estendesse mais e mais, envolvendo as mulheres representadas por Santa Clara. Ela acrescentou o toque feminino ao ideal franciscano. Fazei, Senhor, que a espiritualidade do Santo de Assis seja também valiosa para homens e mulheres de nosso tempo! Seja ela um fator valioso de volta ao Evangelho e alavanca para um mundo permeado de fé, justiça e fraternidade. Que Santa Clara, plantinha de São Francisco – como ela se autodenominava –, inspire outras jovens a fazer como ela fez, ao assumir uma opção de vida voltada para a entrega total a Deus!

REFLEXÃO

Santa Clara nasceu em 1193, em Assis, portanto era conterrânea de São Francisco. Sua família pertencia à nobreza da cidade. O pai chamava-se Favarone de Offreduccio e a mãe, Hortolana. Tinha duas irmãs, Catarina e Beatriz. Possuía acentuada formosura e estava sendo educada para contrair um próspero matrimônio. Mas seu coração enamorou-se pelo ideal que outro jovem, Francisco, havia abraçado. Em função disso, tomou, então, uma decisão radical. Aproveitando uma noite de março, às escondidas dos pais e da família, fugiu de seu palácio, foi até Santa Maria dos Anjos, capela que ficava fora dos muros da cidade. Apresentou-se a São Francisco e tendo-se prostrado em oração diante do altar, lhe foram cortados os cabelos louros. Foi revestida de uma túnica grosseira e foi-lhe trocado o cinto por uma corda. Começava para ela uma nova etapa de vida, inserindo-se no movimento franciscano, buscando o seguimento de Cristo na pobreza. Teve que enfrentar muitas resistências para permanecer nessa escolha de vida, porque isso contrariava o desejo da sua própria família, que havia planejado para ela o casamento. Sua dedicação a Jesus Cristo, na pobreza do mosteiro de São Damião, serviu de exemplo para outras jovens que compartilhavam de seu ideal. Assim nasceram as clarissas. Ao descrever essa figura tão dedicada a Deus, Tomás de Celano assim escreveu: "Foi nobre de nascimento, e muito mais pela graça; virgem no corpo e puríssima no coração; jovem em idade, mas amadurecida no espírito. Firme na decisão e ardentíssima no amor de Deus. Rica em sabedoria, sobressaiu na humildade. Foi Clara de nome, mais clara por sua vida e claríssima em suas virtudes" (1C, primeiro livro, VIII, 18, 7-8). São palavras que nos mostram a admiração provocada em seus contemporâneos por Santa Clara. Ela, juntamente com Joana d'Arc, Catarina de Sena, Teresa de Jesus e outras, pertence, com certeza, ao rol das grandes almas que com suas vidas de santidade enriqueceram a Igreja de Cristo.

28º dia

FIDELIDADE

MOTIVAÇÃO DE FÉ

Senhor, são vossas as palavras: "Mas aquele que perseverar até o fim será salvo" (Mt 24,13)! Sabemos que perseverar é permanecer com firmeza em vossos caminhos, vencendo adversidades e tentações. Vosso apóstolo Paulo recomendava aos cristãos de Corinto, "sede firmes, constantes, progredi sempre na obra do Senhor" (cf. 1Cor 15,58)! Para nos conservarmos nessa obra do Reino, somos submetidos a um contínuo combate espiritual! O mundo nos oferece caminhos sedutores que querem desviar-nos de vós, Senhor! E, assim, muitas vezes, somos induzidos a servir a nós mesmos. Nos Evangelhos são apresentadas as tentações que sofrestes e elas são conhecidas: poder, riqueza, exibicionismo. O tentador está sempre à espreita para que nos tornemos vítimas de nosso egoísmo. Na vida de São Francisco de Assis houve momentos em que era tentado com insistência a abandonar a vocação que ele havia abraçado. No entanto, nada o removeu de seu ideal. A persistência marcou sua vida. E a graça de Deus sustentou sua caminhada. Fazei, Senhor, que aquilo que pedimos na oração do pai-nosso possa valer-nos: "Livrai-nos do mal!". Tornai-nos suficientemente vigilantes e atentos para que as forças do mal não nos dominem!

REFLEXÃO

Por batalha espiritual entendemos a luta de todo cristão para manter-se coerente e fiel ao seu compromisso de fé e amor. Somos conscientes de que enfrentamos forças contrárias para nos mantermos no caminho da luz, pois as trevas tentam ofuscar o brilho da graça que recebemos em nosso batismo. A vida do Santo de Assis foi de constante luta. Às vezes temos a falsa impressão de que os santos tiveram um caminho tranquilo, sofrendo poucas tentações porque já possuíam a santidade. Bem ao contrário! Eles se aperfeiçoaram graças à força interior que demonstraram ao lutar contra muitas inclinações pecaminosas. Conseguiram êxito, não cedendo terreno às forças do mal. Na vida de São Francisco há diversos relatos que testemunham como ele soube enfrentar suas tentações. Eis um episódio, narrado pelo seu biógrafo Tomás de Celano, de como ele venceu a tentação da luxúria. Sentindo-se tentado, "[...] *saiu para fora* no bosque e mergulhou, despido, na neve alta. Depois encheu as mãos de neve e *fez* com ela sete *torrões* em forma de bolas. Colocou-os à sua frente e começou a dizer a seu corpo: 'Eis! Esse maior é tua mulher, esses outros quatro são teus dois filhos e duas filhas, os outros dois são o servo e a criada que precisas ter para teu serviço. Apressa-te a vestir a todos, que estão morrendo de frio. Mas, se te parecer molesto todo esse cuidado por eles, *sirva* solicitamente *só ao Senhor*!'" (2C, segundo livro, LXXXII, 117, 1-5). Assim conseguiu superar o impulso que experimentara. O que o sustentava? Sem dúvida a graça de Deus, que ele cultivava com a oração humilde e a meditação habitual sobre a Paixão do Senhor. Possamos nós também nos sentirmos fortalecidos para que, com nosso esforço e com a assistência divina, nos tornemos vencedores sobre o mal. Deus possa contar com nossa fidelidade em vivermos a vocação de filhos e filhas construtores de seu Reino!

29º dia

SÃO FRANCISCO E A VIRGEM MARIA

MOTIVAÇÃO DE FÉ

Senhor, vós nos deixastes vossa mãe, a Virgem Maria, como mãe da Igreja e de todos nós. São Francisco de Assis a reconhecia, também, como padroeira da Ordem franciscana, contribuindo para que a devoção a ela se fortalecesse ao longo dos séculos, sobretudo sob o título de Imaculada Conceição. Agradecidos pela sua proteção, vos pedimos que as virtudes por ela praticadas estejam presentes em nossa vida. Dentro do plano da salvação, ela vos serviu com grande disponibilidade. Viveu aquilo que o Santo de Assis mais admirava: a pobreza, que ela compartilhou na gruta de Belém. Sofreu no Calvário as dores de uma mãe que estava junto do filho em sua agonia e morte. Na vinda do Espírito Santo, acompanhou a comunidade dos discípulos em oração, gerando vida para aqueles que buscam vivenciar e anunciar vosso Reino. Sob a opressão do pecado que experimentamos, que ela rogue por nós e a vossa salvação chegue ao mundo inteiro!

REFLEXÃO

Dentro da espiritualidade franciscana, a Virgem Maria ocupa um lugar especial. É só lembrar o testemunho do biógrafo de São Francisco: "[...] tinha grande devoção para com a Mãe de toda bondade [...]" (1C, primeiro livro, IX, 21, 3). Como primeiro motivo da devoção, o Santo de Assis reconhecia a importância da maternidade divina. Isto é, que Maria foi escolhida para ser a mãe do Filho de Deus. Nascendo, ele se fez nosso irmão. Por isso, nos deixou esta bela saudação à Virgem Maria: "Ave, ó Senhora, santa Rainha, Santa Mãe de Deus, Maria, que és virgem feita Igreja. Eleita pelo santíssimo Pai do Céu, a quem consagrou com seu santíssimo dileto Filho e com o Espírito Santo Paráclito" (SVM, 1-2). Com essas palavras de saudação, o Santo de Assis contemplava a Virgem Maria como Mãe do Salvador, filha do Pai e esposa do Espírito Santo, mergulhada, pois, na vida trinitária. Ao mesmo tempo, São Francisco de Assis via a Virgem Maria assumir a situação de pobreza, seja no Natal ou no Calvário. Em ambas as situações ela vivenciou a opção de nosso Salvador que, "*Sendo rico*, [...] juntamente com a beatíssima Virgem Maria, sua Mãe, quis no mundo escolher a pobreza" (2CF, 5). Muito o comovia a escolha feita pelo Filho de Deus e sua Mãe, ao abraçarem uma situação de tanta simplicidade. Um outro aspecto da espiritualidade mariana de São Francisco de Assis era a confiança na mediação que a Virgem Maria exercia em favor dos seguidores de seu Filho Jesus. Por isso, a acolheu como advogada da Ordem franciscana. De modo todo especial venerava Nossa Senhora, sob o título de Santa Maria dos Anjos, por ser a ela dedicada a capela onde haviam surgido a primeira e a segunda Ordens. Afinal, desejava que as virtudes da Mãe de Jesus fossem uma referência para todos os cristãos, particularmente para aqueles que haviam escolhido o caminho do Evangelho e da pobreza.

30º dia

"A IRMÃ MORTE"

MOTIVAÇÃO DE FÉ

Sim, Senhor, também a morte é nossa irmã! No entanto, como é difícil aceitarmos o que para a grande maioria, para não falar a totalidade das pessoas, é uma duríssima realidade. Um dia nós nascemos e um dia morreremos. Dai-nos, então, Senhor, o coração confiante que o Santo de Assis teve em todas as horas, inclusive naquela derradeira. Para ele, a morte era uma irmã, porque proporciona a entrada na vida eterna e o encontro permanente com o Pai e toda a comunidade celeste. A ideia da morte para o cristão é, de fato, análoga à imagem do grão de trigo que, lançado à terra, morre para renascer. Morremos para ter vida nova e juntarmo-nos à Santíssima Trindade. Ao ressuscitar, Jesus abriu-nos as portas da esperança de um mundo sem fim. Por isso, dentro da visão cristã, em vez de termos temor e tremor diante dessa passagem, precisamos encarar o momento da morte como uma feliz ida para a eternidade com Deus. Senhor, queremos que essa seja a nossa esperança!

REFLEXÃO

O Santo de Assis, já enfermo, estava hospedado no palácio do bispo da cidade. A morte aproximava-se. A cegueira era para ele quase total. Pediu, então, que fosse levado até a igrejinha de Nossa Senhora dos Anjos. Foi atendido. Os frades companheiros de sua jornada o carregaram em cortejo até a Porciúncula e, aqui, São Francisco esperou pela vinda da "irmã morte". Abençoou Clara e suas irmãs, bem como Jacoba de Settesoli, que estava visitando-o. Fez-se despojar, em seguida, de suas vestes e deitar sobre a terra. Foi revestido de um hábito preparado para esse momento. Lembrando-se da Última Ceia do Senhor, ele abençoou um pão e repartiu-o entre os presentes. E no entardecer do sábado, dia 3 de outubro, sentiu que a morte estava chegando. Pediu que fosse entoado o Cântico das Criaturas, acrescentando uma estrofe: "Louvado sejas, meu Senhor, por nossa irmã a morte corporal, da qual homem algum pode escapar" (CIS, 12). Pediu que fosse entoado o Salmo 142:

"Com alta voz, clamei a Deus". E, enquanto era lido o capítulo 13 do Evangelho de São João, o pobrezinho entregava sua alma ao Criador. Sua etapa terrena estava concluída. Por sua completa adesão a Jesus Cristo, havia recebido os estigmas da Paixão do Senhor. Ele havia atraído à vivência do Evangelho muitos seguidores e seguidoras. Seu exemplo, na realidade, transpôs as barreiras de seu tempo e espaço para alcançar o mundo inteiro. Um ano e nove meses depois foi proclamado santo pelo papa Gregório IX. A vida do santo de Assis é um testemunho que comove, mas sobretudo que move muita gente a encontrar-se com um Cristo vivo, vivenciando seu Evangelho e, assim, a restaurar a Igreja como comunidade do Senhor! Tenhamos o nosso olhar e nosso coração sempre fixos em Jesus, nosso Salvador e fonte de vida eterna. É o legado que recebemos por meio do santo da Paz e do Bem!

BIBLIOGRAFIA

ANGO, José Mario J. *Francisco de Assis: o cavalheiro da pobreza*. Aparecida: Santuário, ²⁷2022.

REGI, Joxe Mari. *Imparare a vivere con Francesco d'Assisi. La sfida del quotidiano*. Milão: Biblioteca Francescana, 2019.

ntes Franciscanas. Santo André: Mensageiro de Santo Antônio, ²2020.

ITEM, Diogo L. *No dia a dia, paz e bem*. São Paulo: Loyola, ²1997.

RACIANO. *Personalidade e espiritualidade de São Francisco*. Braga: Editorial Franciscana, 1963.

ONGPRÉ, Efrem. *Francesco d'Assisi e la sua sperienza spirituale. Storia spirituale dell'Ordine di s. Francesco*. Milão: Biblioteca Francescana, 1970.

ASQUALE, Gianluigi. *Francisco, o arauto de Deus*. São Paulo: Paulinas, 2016.

Edições Loyola

editoração impressão acabamento

Rua 1822 nº 341 – Ipiranga
04216-000 São Paulo, SP
T 55 11 3385 8500/8501, 2063 4275
www.loyola.com.br